Anna Moni   Maria Angela Rapacciuolo

Scriviamo insieme!
2

Attività per lo
sviluppo dell'abilità
di scrittura

Intermedio B1-B2

EDILINGUA

www.edilingua.it

Anna Moni è docente di italiano presso il Deree (The American College of Greece) dove coordina anche i corsi di lingua straniera e collabora come instructional designer per i corsi post laurea offerti in blended learning. È tutor nel Master Itals di I livello dell'Università Ca' Foscari di Venezia. Ha collaborato con l'Istituto Italiano di Cultura di Atene. Si occupa dello sviluppo della produzione scritta e orale, di testing, di e-learning; è autrice di sussidi didattici ed è anche coautrice di *Preparazione al Celi 2* e *Scriviamo insieme 1*, editi da Edilingua.

Maria Angela Rapacciuolo, docente di italiano presso il Centro Linguistico del Politecnico di Atene e presso l'Istituto Italiano di Cultura, nel corso di Didattica; è tutor nel Master Itals di I e II livello dell'Università Ca' Foscari di Venezia e responsabile del percorso progettuale nel Master Itals di II livello. Si occupa di formazione docenti, valutazione, testing, programmazione e progettazione culturale, e-learning e insegnamento dell'italiano online. È autrice di sussidi didattici; con Edilingua ha pubblicato *Preparazione al Celi 3* e, insieme ad Anna Moni, *Preparazione al Celi 2* e *Scriviamo insieme 1*.

A chi studia con passione la lingua italiana
Anna e Mariangela

© **Copyright edizioni Edilingua**
Sede legale
Via Giuseppe Lazzati, 185 00166 Roma
Tel. +39 06 96727307
Fax +39 06 94443138
info@edilingua.it
www.edilingua.it

Deposito e Centro di distribuzione
Via Moroianni, 65 12133 Atene
Tel. +30 210 5733900
Fax +30 210 5758903

I edizione: febbraio 2017
ISBN: 978-88-99358-09-9
Redazione: Anna Gallo
Impaginazione e progetto grafico: Edilingua

Grazie all'adozione di questo libro, Edilingua adotta a distanza dei bambini che vivono in Asia, in Africa e in Sud America. Perché insieme possiamo fare molto! Ulteriori informazioni nella sezione "Chi siamo" del nostro sito.

Stampato su carta priva di acidi, proveniente da foreste controllate.

Le autrici apprezzerebbero, da parte dei colleghi, eventuali suggerimenti, segnalazioni e commenti sull'opera (da inviare a redazione@edilingua.it).

Tutti i diritti riservati.
È assolutamente vietata la riproduzione totale o parziale di quest'opera, anche attraverso le fotocopie; è vietata la sua memorizzazione, anche digitale su supporti di qualsiasi tipo, la sua trasmissione sotto qualsiasi forma e con qualsiasi mezzo, così come la sua pubblicazione on line senza l'autorizzazione della casa editrice Edilingua.

L'editore è a disposizione degli aventi diritto non potuti reperire; porrà inoltre rimedio, in caso di cortese segnalazione, ad eventuali omissioni o inesattezze nella citazione delle fonti.

Indice

			pagina
		Premessa	4
Unità	1	Compilare un questionario	7
Unità	2	Scrivere una lettera informale	12
Unità	3	Scrivere una lettera formale	17
Unità	4	Descrivere il lavoro e lo studio	22
Unità	5	Descrivere il tempo libero	27
Unità	6	Esprimere opinioni e preferenze	33
Unità	7	Raccontare un viaggio	38
Unità	8	Raccontare esperienze ed emozioni	43
Unità	9	Scrivere e rispondere ad annunci	48
Unità	10	Dare istruzioni e indicazioni	53
Unità	11	Dare informazioni	58
Unità	12	E ora scriviamo 1	63
Unità	13	Lettera di scuse e di reclamo	69
Unità	14	Lettere varie	73
Unità	15	Lettera a un forum	79
Unità	16	Pro e contro	83
Unità	17	Descrivere una persona	88
Unità	18	Descrivere un luogo	92
Unità	19	Raccontare un film	97
Unità	20	Raccontare un fatto	101
Unità	21	Scrivere un riassunto	105
Unità	22	Creare una storia	110
Unità	23	Narrare una storia	114
Unità	24	E ora scriviamo 2	118
		Chiavi	123

Premessa

Il volume *Scriviamo insieme! 2*, nato dalla lunga esperienza delle autrici nel campo dell'insegnamento della lingua italiana agli stranieri, si prefigge di aiutare gli studenti che studiano la lingua italiana a livello B1/B2 a sviluppare l'abilità di scrittura. Lo scopo del libro è di guidare gradualmente gli studenti dalla scrittura guidata alla scrittura libera, incoraggiandoli a sviluppare le proprie idee con originalità, chiarezza e stile e a produrle per iscritto nel modo adeguato a seconda dello scopo comunicativo. La capacità di produrre delle idee e di saperle organizzare in forma corretta è un'abilità che si acquista con l'esercizio, lavorando non tanto sulla quantità delle produzioni scritte ma sul percorso che porta a queste produzioni.

Il libro è stato impostato in modo da far impegnare lo studente con le attività presentate in un rapporto attivo e fargli scoprire poco alla volta le tecniche e le strategie utili per sviluppare, ordinare ed esprimere le proprie idee nel modo più adeguato. Tra le tecniche adottate troviamo: lettura con comprensione globale e/o dettagliata, costellazioni di idee o parole chiave, riordino di testi, abbinamenti, attività sulla punteggiatura e ortografia, attività sui connettivi e meccanismi di coesione indispensabili per dare coesione al testo, tecniche per la riduzione del testo, caccia all'errore, attività ludiche e collaborative.

Tutte queste tecniche, se acquisite dallo studente fin dall'inizio, si riveleranno poi molto utili ed efficaci anche a livello avanzato. Queste tecniche sono accompagnate da strategie quali il brainstorming, per lo sviluppo delle idee e del lessico, le domande, per la creazione dei punti da affrontare, la scaletta, per il riordino delle idee. Inoltre, il libro è stato strutturato in modo tale da dare la possibilità all'insegnante di inserire all'interno dell'unità didattica attività dedicate allo sviluppo dell'abilità di scrittura.

Destinatari del libro sono tutti gli studenti, giovani e adulti, che studiano la lingua italiana a livello B1/B2, i quali desiderano sviluppare o migliorare la loro produzione scritta, o desiderano prepararsi a sostenere un esame di Certificazione linguistica.

Struttura del libro

Il volume *Scriviamo insieme! 2* è articolato in 24 unità, dalla 1 alla 12 per il livello B1 e dalla 13 alla 24 per il livello B2, che tengono conto degli obiettivi del Quadro Comune Europeo di Riferimento (per il livello B1/B2) e degli argomenti presenti negli esami scritti delle varie Certificazioni linguistiche, che sono appunto disegnate sugli obiettivi del Quadro.

Il materiale presente nel libro è stato interamente testato su vari gruppi di studenti dei livelli B1/B2, sia nelle classi che individualmente.

Si ringraziano tutti coloro, docenti o studenti, che con i loro suggerimenti contribuiranno al miglioramento di questo volume.

Le autrici

Obiettivi del Quadro Comune Europeo di Riferimento

Lo studente di livello **B1**:

È in grado di produrre un testo semplice relativo ad argomenti che siano familiari o di interesse personale. È in grado di descrivere esperienze e avvenimenti, sogni, speranze e ambizioni e spiegare brevemente le ragioni delle sue opinioni e dei suoi progetti.

Sviluppo tematico
È in grado di produrre, in modo ragionevolmente scorrevole, una narrazione o descrizione semplice, strutturandola in una sequenza lineare di punti.

Coesione e coerenza
È in grado di collegare una serie di elementi relativamente brevi e semplici in una sequenza lineare di punti.

Produzione scritta generale
Su una gamma di argomenti familiari che rientrano nel suo campo d'interesse è in grado di scrivere testi lineari e coesi.

Scrittura creativa
È in grado di scrivere descrizioni lineari e precise su una gamma di argomenti familiari che rientrano nel suo campo d'interesse. È in grado di scrivere resoconti di esperienze, descrivendo sentimenti e impressioni in un semplice testo coeso. È in grado di descrivere un avvenimento, un viaggio recente – reale o immaginario. È in grado di raccontare una storia.

Relazioni e saggi
È in grado di scrivere saggi brevi e semplici su argomenti che lo interessano. È in grado di descrivere con discreta sicurezza per riassumere e riferire informazioni fattuali sulle routine abituali e su altri aspetti del vivere quotidiano che lo/la riguardano esprimendo la propria opinione. È in grado di scrivere relazioni molto brevi su un modello standard per trasmettere informazioni fattuali sulle routine abituali e spiegare la ragione delle azioni.

Interazione scritta generale
È in grado di scrivere lettere e appunti personali per chiedere o dare semplici informazioni di interesse immediato, riuscendo a mettere in evidenza ciò che ritiene importante.

Ampiezza del lessico
Dispone di lessico sufficiente per esprimersi con qualche circonlocuzione su quasi tutti gli argomenti che si riferiscono alla vita di tutti i giorni, quali la famiglia, gli hobby e gli interessi, il lavoro, i viaggi e l'attualità.

Obiettivi del Quadro Comune Europeo di Riferimento

Lo studente di livello **B2**:

Sa produrre testi chiari e articolati su un'ampia gamma di argomenti ed esprimere un'opinione su un argomento d'attualità, esponendo i pro e i contro delle diverse opzioni. Riesce a scrivere saggi e relazioni, fornendo informazioni e ragioni a favore o contro una determinata opinione.
Riesce a scrivere lettere mettendo in evidenza il significato che attribuisce personalmente agli avvenimenti e alle esperienze.

Sviluppo tematico
È in grado di sviluppare una descrizione o una narrazione chiara, espandendone o sviluppandone i punti salienti con l'aggiunta di elementi ed esempi pertinenti.

Coerenza e coesione
È in grado di usare in modo efficace diversi connettivi per esplicitare i rapporti tra i concetti.

Scrittura creativa
È in grado di descrivere in modo chiaro e preciso avvenimenti ed esperienze reali o immaginarie, realizzando un testo coeso che segnali le relazioni tra i concetti.
È in grado di scrivere descrizioni chiare e articolate su diversi argomenti familiari che rientrano nel suo campo d'interesse.
È in grado di scrivere la recensione di un film, un libro e di una rappresentazione teatrale.

Relazione e saggi
È in grado di scrivere un saggio o una relazione per sviluppare un argomento in modo sistematico, mettendo opportunamente in evidenza i punti significativi e gli elementi a loro sostegno.
È in grado di valutare idee e soluzioni diverse a un problema.
È in grado di scrivere un saggio o una relazione sviluppando un'argomentazione, fornendo motivazioni a favore o contro un determinato punto di vista e spiegando vantaggi e svantaggi delle diverse opzioni.

Appunti, messaggi e moduli
È in grado di scrivere messaggi con informazioni di interesse immediato da trasmettere ad amici, persone di servizio, insegnanti e altre persone frequentate nella vita di tutti i giorni, riuscendo a far comprendere i punti che ritiene importanti.

Lavorare su un testo
È in grado di riassumere la trama e le sequenze di un film o di una rappresentazione teatrale.

Compilare un questionario

Unità 1

🖊 Per iniziare!

Vi è mai capitato di rispondere ad un questionario?
E per quale motivo? Parlatene con i vostri compagni di classe.

1 A coppie. Leggete bene il titolo e le domande di questo questionario e abbinatele alle risposte corrette.

Che tipo sei?

1. Prima il lavoro o prima la vita privata?
2. Descriviti un po'. Che tipo sei? Come ti consideri?
3. Sei più istintivo o più riflessivo?
4. Un tuo pregio e un tuo difetto.
5. Qual è la cosa più importante nella tua vita?
6. Cosa faresti per un caro amico che chiede il tuo aiuto?
7. Cosa pensano i tuoi amici di te?

.... a. Sono vivace e questo è il pregio. Sono troppo sincero e questo è il difetto..., la gente spesso mi odia per questo.

.... b. Da piccolo riflettevo tanto. Ora sono molto istintivo e spontaneo.

.... c. Farei tutto il possibile per aiutarlo.

.... d. Senza dubbio* è l'amicizia.

.... e. Dicono che sono un po' esagerato ed eccentrico... ma mi vogliono bene.

.... f. Istintivo, spontaneo, sincero, educato, caldo e passionale ma testardo. Sono nato in un paese vicinissimo al mare... e la gente di mare è così.

.... g. Certamente* prima la passione. Anche se adesso cerco un lavoro gratificante.

*
Per esprimere certezza:
sicuramente, certamente, senza dubbio
Per esprimere un desiderio:
vorrei
Per esprimere un'opinione positiva o negativa:
penso di sì, penso di no
Per esprimere intenzione:
penso di...

Scriviamo insieme! 2

2 Completate le risposte ai vari questionari e poi confrontatevi con i vostri compagni e l'insegnante.

1. L'abbigliamento e le tue preferenze.

Mi piace portare ....
ma non mi piace portare ....
....
Mi piacciono ....
ma non mi piacciono ....
....

2. I tuoi sogni e le tue aspettative per il futuro.

Vorrei ....
Farò sicuramente ....
....
Andrò certamente ....
....

3. Il cibo e le tue preferenze.

Mangio volentieri ....
ma non mi piace mangiare ....
....
Preferisco mangiare ....
Mangio solo ....
....

4. I pregi e i difetti del tuo carattere e i cambiamenti che vorresti fare.

Sono ....
ma purtroppo sono anche ....
Vorrei essere più ....
Mi piacerebbe ....
....

5. Studiare nel proprio paese o all'estero.

Mi piacerebbe studiare ....
.... perché ....
....
Preferirei rimanere ....
.... perché
....
....

6. Viaggi e vacanze, le tue preferenze.

Mi piace visitare ....
....
Preferisco i viaggi ....
....
Adoro le vacanze ....
....
....

Compilare un questionario — Unità 1

3 **A coppie leggete il seguente testo e rispondete alle domande del questionario che segue come se voi foste Ilaria.**

Ciao, mi chiamo Ilaria, sono una ragazza di 27 anni, sono nata a Pescara, sono solare e positiva e amo quello che faccio. Ho studiato architettura d'interni a Roma. Ho scelto questa laurea perché sono una persona molto creativa e amo la casa. In questo momento della mia vita sono felice, ho un marito che amo, una famiglia adorabile e 2 gatti. Una volta amavo cucinare ma adesso ho poco tempo per farlo, guardo tanti film e telefilm, da 2 anni non ho più la televisione in casa e uso solo internet per informarmi sulle cose che succedono.  Vivo in una città bellissima negli Stati Uniti e lavoro per una compagnia multinazionale. Vivere all'estero è un'esperienza bellissima che ti dà molto, però devo dire che l'Italia mi manca. Di Pescara mi manca sicuramente la famiglia. Quando si vive all'estero si inizia a pensare di più a queste cose, come ai momenti che ogni giorno perdo e che invece vorrei passare con i miei nonni dato che sono ancora tutti e quattro vivi... la mia nipotina che cresce e che vedo solo tramite la webcam... i miei amici che si sposano. Mi mancano le montagne, la cucina della nonna, l'aperitivo con i miei amici. Negli Stati Uniti sto bene e sono felice perché ci sono opportunità di lavoro, la gente interessante che ogni giorno si incontra, la varietà dei locali, il sushi, la metro ogni tre minuti, i cinema multisala con i film in lingua originale, i negozi aperti fino a mezzanotte, i teatri, i musei e la mia casetta. Ma forse un giorno, tra qualche anno, penso che tornerò a casa perché mi piace l'Italia con le sue città, i piccoli centri storici e l'architettura e voglio molto bene alla mia famiglia.
Ilaria

> *Secondo Lei / secondo te / secondo me sono usate per chiedere o esprimere un'opinione.

Lavorare all'estero

Grazie per aver accettato di rispondere al nostro questionario. Se vuole, può lasciare i Suoi dati personali.

Nome .... Cognome ....
Indirizzo .... CAP e Città ....
Età .... E-mail ....

1. Cosa ha studiato? ....
2. Dove? ....
3. Perché ha scelto questa facoltà? ....
4. Lavora all'estero? Dove? ....
5. Vive da sola? ....
6. Cosa pensa di questa esperienza all'estero? ....
7. Secondo Lei* è sempre facile vivere all'estero? ....
8. Vorrebbe ritornare a vivere in Italia? ....
9. Quando? ....

✎ Scriviamo!

4 Rispondete ora voi alle domande del questionario dell'attività 1 "Che tipo sei?".

1. ....
   ....
2. ....
   ....
3. ....
   ....
4. ....
   ....
5. ....
   ....
6. ....
   ....
7. ....
   ....

5 Compilate il seguente questionario.

Mezzi di trasporto pubblici e privati

Grazie per aver accettato di rispondere al nostro questionario riguardo ai mezzi di trasporto da Lei usati. Se vuole, può lasciare i Suoi dati personali.

Nome .... Cognome ....
Indirizzo .... CAP e Città ....
Età .... E-mail ....

1. Usa i mezzi di trasporto pubblici?
   ....
   ....

Compilare un questionario — Unità 1

2. Quali e con quale frequenza?
   ....
   ....

3. Usa la macchina o la moto? Se sì, la usa spesso?
   ....
   ....

4. Usa la bici per spostarsi in città? Sì/No? Perché?
   ....
   ....

5. Secondo Lei quali sono alcuni vantaggi e svantaggi dei mezzi di trasporto pubblici?
   ....
   ....

6. E alcuni vantaggi e svantaggi dei mezzi di trasporto privati?
   ....
   ....

7. Quanto costa un biglietto per una corsa del metro (bus o tram) nella Sua città? Lo trova caro?
   ....
   ....

8. Secondo Lei i mezzi di trasporto pubblici della Sua città sono efficienti? Vorrebbe cambiare qualcosa?
   ....
   ....

6 A coppie. Create voi un questionario. Scegliete una tematica e scrivete 7-8 domande.

Unità 2 — Scrivere una lettera informale

🖋 Per iniziare!

> Come comunicate per iscritto con i vostri amici?
> Raccontatelo ai vostri compagni di classe.

1 Leggete questa e-mail e rispondete alle domande.

Da:	ale88@tiscali.it
A:	Daniela.bianchi@libero.it
Cc:	
Oggetto:	notizie da Roma

Cara Daniela,

finalmente trovo il tempo per scriverti! Sono a Roma da quasi tre settimane ma sono stato molto impegnato. Sai, all'inizio ho avuto un po' di difficoltà ad ambientarmi, anche se la città è veramente bella. I primi giorni ero veramente giù di morale, mi sentivo molto solo, non sapevo cosa fare e pensavo di rinunciare a questo lavoro. Poi però ho cominciato ad apprezzare le bellezze di questa città, che sono tante, e devo dire che anche la gente è molto ospitale e sono riuscito già a fare qualche amicizia. Ora sono molto contento di stare qui. Tutti i giorni dopo il lavoro esco a fare delle passeggiate. Non prendo mai l'autobus perché preferisco camminare, così posso ammirare le piazze, i monumenti, i palazzi e parlare con la gente del posto. Sono già stato ai musei del Vaticano ma in cinque ore sono riuscito a vederne solo una parte, così domani ci ritornerò.
Insomma, alla fine ho deciso di firmare il contratto e così resterò qui almeno due anni. Verrai a trovarmi, vero? La mia casa è molto grande e naturalmente potrò ospitarti.
Un abbraccio,
Alessandro

1. Quando è arrivato a Roma Alessandro?
   ....
2. Quanto tempo rimarrà a Roma?
   ....
3. Come passa le sue giornate?
   ....
4. Che difficoltà ha avuto all'inizio?
   ....
5. Cosa gli piace di questa città?
   ....
6. Perché Alessandro si trova a Roma?
   ....

Scrivere una lettera informale — Unità 2

2 Nell'e-mail di Alessandro sono presenti avverbi e locuzioni di tempo (parole che specificano quando si svolge l'azione, come: *all'inizio, poi,...*), trovatele nel testo e scrivetele nel riquadro qui sotto.

3 Completate il testo con alcune delle espressioni di tempo che avete trovato nell'attività 2.

Quando ho conosciuto Marisa .... (1) non mi piaceva per niente, mi sembrava antipatica ed egoista. .... (2) pian piano ho cominciato a frequentarla e .... (3) ho capito che è una persona molto buona e generosa.

4 Abbinate le parti della lettera alle indicazioni date nella colonna di sinistra. Dopo riscrivete la lettera nel vostro quaderno.

1. *Per iniziare la lettera*
2. *Per dare informazioni su di sé*
3. *Per raccontare qualcosa*
4. *Per invitare qualcuno*
5. *Per ricordare qualcosa*
6. *Per chiudere la lettera*

a. Vieni a trovarmi presto, mi raccomando.
b. Io ora sto molto bene. All'inizio non è stato facile abituarmi in questa nuova città, ma ora le cose vanno molto meglio.
c. A presto, *Alberto*
d. Cara Emilia, come stai?
e. Ho conosciuto dei ragazzi, molto simpatici e la sera usciamo spesso insieme. Trovare casa non è stato facile, ma alla fine ho trovato un bell'appartamentino in centro, così posso andare all'università a piedi.
f. Non dimenticarti di salutare Giorgio da parte mia.

5 Mettete in ordine le parti di questa e-mail.

...... a. Probabilmente non hai avuto
...... b. rifare in ottobre.
...... c. molto tempo per studiare a causa
...... d. Giovanni
...... e. ho saputo
1 f. Cara Giorgia,
...... g. perché sicuramente lo potrai
...... h. Ma non preoccuparti
...... i. Ti abbraccio,
...... l. della tua malattia.
...... m. che non hai superato l'esame.
...... n. Mi raccomando, su col morale!

Per iniziare la lettera:
Caro Mario
Carissima Luciana

Per chiudere la lettera:
Cari saluti
Ti abbraccio
Un abbraccio
Un caro saluto
Baci/Bacioni
A presto

6 A coppie mettete in ordine la lettera che segue. Dopo controllate con i vostri compagni e l'insegnante.

...... a. Finalmente, grazie al vostro aiuto, anche noi possiamo studiare ed imparare molte cose.
1 b. Carissimi bambini italiani, qui da noi l'estate è quasi finita, ma giochiamo ancora fuori all'aperto. Ora arriverà l'inverno e la scuola è stata aperta da poco.
...... c. Vi ringraziamo molto perché tutto quello che impareremo a scuola sarà il nostro tesoro per la vita e ci accompagnerà per sempre.
...... d. I bambini della scuola di Garan
...... e. Vi mandiamo i nostri saluti e le nostre preghiere.
...... f. P.S. Vi aspettiamo nel nostro paese! Qui è molto bello, pieno di alberi e di montagne, e c'è molto spazio per giocare tutti insieme!
...... g. Ci auguriamo che tutti voi, le vostre famiglie e i vostri insegnanti stiate bene e che nelle vostre case ci sia sempre tanta pace.

Scrivere una lettera informale — Unità 2

7 Impostate la lettera nel modo corretto completandola con la punteggiatura e riscrivetela nello spazio sotto.

Carissimi Anna e Roberto eccomi di nuovo a Washington Vorrei ringraziarvi di cuore per avermi offerto la vostra amicizia e per avermi fatto compagnia nei giorni in cui mi trovavo in Italia e soprattutto per avermi aiutato nei momenti difficili Non dimenticherò mai la vostra gentile ospitalità la vostra generosità e soprattutto la cucina di Anna Spero che un giorno vi deciderete a venire a trovarmi e sarà sempre un piacere per me ospitarvi a casa mia e farvi visitare la mia città Cari saluti Bruno

Scriviamo!

8 Scrivete una lettera (80-100 parole) alla vostra amica Giovanna in cui:
- descrivete come vi trovate nella città in cui studiate,
- raccontate come passate le vostre giornate,
- la invitate a venirvi a trovare.

Prima di scrivere la lettera, cercate di porvi le stesse domande dell'attività 1: chi? come? dove? cosa? perché? quando?

..............., ...

Cara Giovanna,

9 **A.** A coppie. Lo studente **A** e lo studente **B** scrivono ciascuno una lettera (80-100 parole) su un foglietto.

Traccia per lo studente A
Per le vacanze di Natale siete stati in Italia, ospiti di Marco, un ragazzo conosciuto all'università. Tornati nel vostro Paese gli scrivete una lettera per ringraziarlo e invitarlo a casa vostra per le vacanze estive.

Traccia per lo studente B
Vi siete appena laureati e così dopo molti anni all'estero per motivi di studio siete ritornati a vivere nel vostro Paese. Un vostro caro amico ha invece deciso di rimanere a vivere all'estero. Scrivete un'e-mail al vostro amico per parlargli un po' di voi e di come vi sentite ora.

B. Adesso scambiatevi i foglietti e rispondete alla lettera del vostro compagno (80-100 parole).
Quando avete finito di scrivere, consegnate le vostre lettere all'insegnante per la correzione.

Scrivere una lettera formale

Unità 3

🖋 Per iniziare!

> Vi è mai capitato di scrivere una lettera formale? A chi?
> Parlatene con i vostri compagni di classe.

1 Leggete attentamente la lettera. Individuate e scrivete in basso a cosa corrispondono le parti sottolineate.

Bertoni Stefano
V.le Belbour, 6
75012 Parigi
Francia

Gent. Prof. Ricci,

come sta? Io sto molto bene e sono qui a Parigi da pochi giorni. Ho già incontrato il <u>Suo</u> collega, il prof. Ranieri, <u>che</u> è una persona veramente interessante. L'università <u>qui</u> è molto organizzata e grazie all'aiuto della segretaria dei corsi sono già riuscito a trovare un alloggio proprio vicino all'università. Sono molto contento perché così posso andar<u>ci</u> a piedi. Di solito non prendo mai la macchina, solo qualche volta la domenica quando vado a fare una gita, perché non mi piace molto guidare. Ieri ho incontrato un altro Suo collega, il prof. Gioberti, che <u>Le</u> manda tanti saluti.
La ringrazio di nuovo per il Suo aiuto e <u>La</u> aspetto per la conferenza di gennaio.

      Cordiali saluti,
      Stefano Bertoni

Gent. Prof. Antonio Ricci
Via Lodovico Gambara, 6
43125 Parma

a. Suo ....
b. che ....
c. qui ....
d. ci ....
e. Le ....
f. La ....

2 Riscrivete la seguente lettera unendo i vari paragrafi, usando i connettivi necessari.

Gentile direttore,
- sono molto interessato a frequentare un corso di italiano per stranieri in Italia
- alla fine dell'anno dovrò sostenere un importante colloquio di lavoro e il mio italiano dovrà essere quasi perfetto
- alcuni amici mi hanno parlato della vostra scuola e mi hanno consigliato di iscrivermi
- sono entrato nel vostro sito
- non sono riuscito a trovare informazioni dettagliate sui corsi della vostra scuola
- ho deciso di scriverLe questa lettera e di chiederLe di inviarmi a casa una guida della scuola
- vorrei iscrivermi subito

La ringrazio dell'attenzione.
Distinti saluti,
Sandro Antonioni

……………,………………

Gentile direttore,
sono molto interessato a frequentare un corso di italiano per stranieri in Italia …………

La ringrazio dell'attenzione.
Distinti saluti,
Sandro Antonioni

3 Nel quaderno, impostate la seguente lettera nel modo corretto e completatela con la punteggiatura mancante.

Padova 2 dicembre Gentile signora Marchi La informiamo che Lei è la vincitrice del concorso "Un'estate in salute" Il premio consiste in due settimane al centro termale di Abano Terme Il soggiorno include il pernottamento in albergo a quattro stelle in camera singola con pensione completa Inoltre sono compresi tutti i servizi del centro piscina sauna campo da tennis internet incluse le escursioni Può ritirare il premio presso i nostri uffici di via Veneto 3 Padova Cordiali saluti La direzione.

Per iniziare la lettera:
Caro professore,
Gentile direttore,
Gentile signor Franchi,

Per concludere la lettera:
Cordiali saluti,
Distinti saluti,

Scrivere una lettera formale — Unità 3

4 Completate le seguenti frasi scegliendo tra gli avverbi di tempo indicati.

> spesso ◆ sempre ◆ raramente ◆ mai ◆ qualche volta ◆ di solito

- Giovanna va .... (1) a Roma per lavoro.
- I miei cugini non vengono .... (2) a trovarmi.
- .... (3) il sabato sera vado al cinema con gli amici, ma .... (4) mi piace rimanere a casa a leggere un libro.
- Mia nonna viene .... (5) a trovarmi la domenica mattina.
- Come sta Luciana? Non lo so, ormai la vedo .... (6).

5 Dividetevi in gruppi e leggete la lettera di Cristina. Quale gruppo troverà per primo i dieci errori di ortografia?
Dopo controllate con i vostri compagni e l'insegnante.

a. Cara Giovanna,

b. come stai? Io benisimo! Ho trovato finalmente la casa che volevo. Non è molto grande,

c. ma nemmeno picola. In cucina c'è un tavolo dove posso mangare con i miei amici, quattro sedie e molti armadietti.

d. Anche il salotto è aredato, con un divano, una poltrona e un tavolino.

e. C'è anche un televisore. Come vedi c'è tutto, così quando verrai potrai restare quanto vuoi.

f. Ieri ho già ospitato due mie amice dell'università e la casa gli è piacuta molto. Sai che una di loro ti conosche?

g. Si chiama Monique e mi ha datto un regalo per te. Quando vieni a prenderlo?

h. Ti aspetto presto, lo sai.
Bacci Cristina

6 A coppie. Per colpa di un virus nel computer si è creata confusione in queste due e-mail. Con l'aiuto del vostro compagno cercate di riscriverle nel modo giusto.

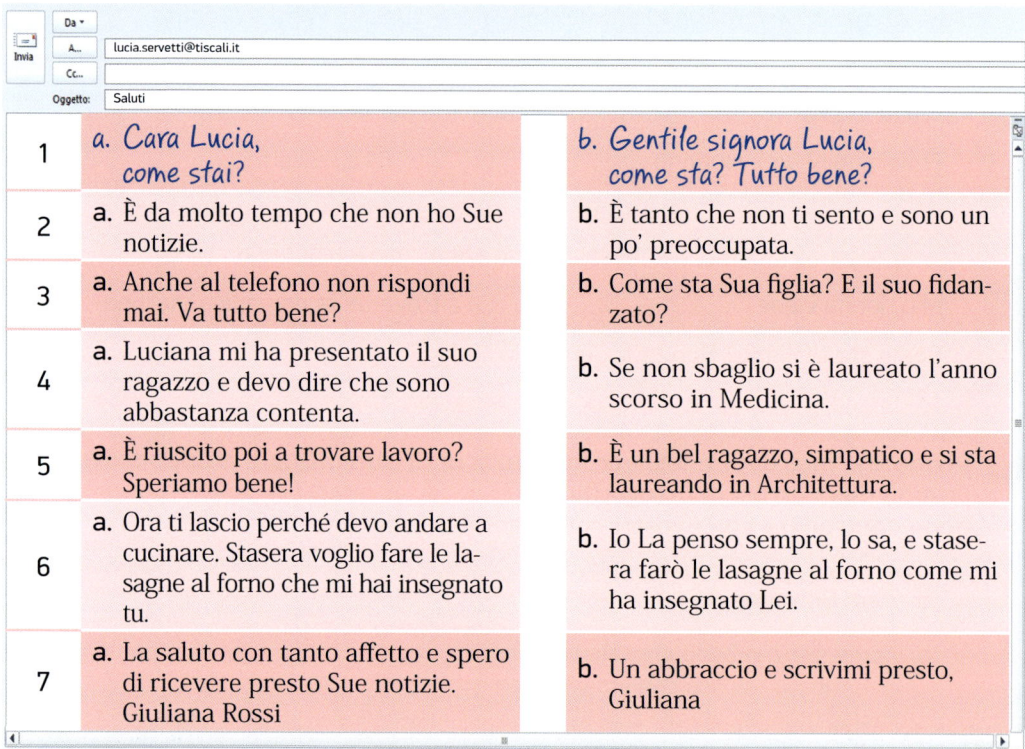

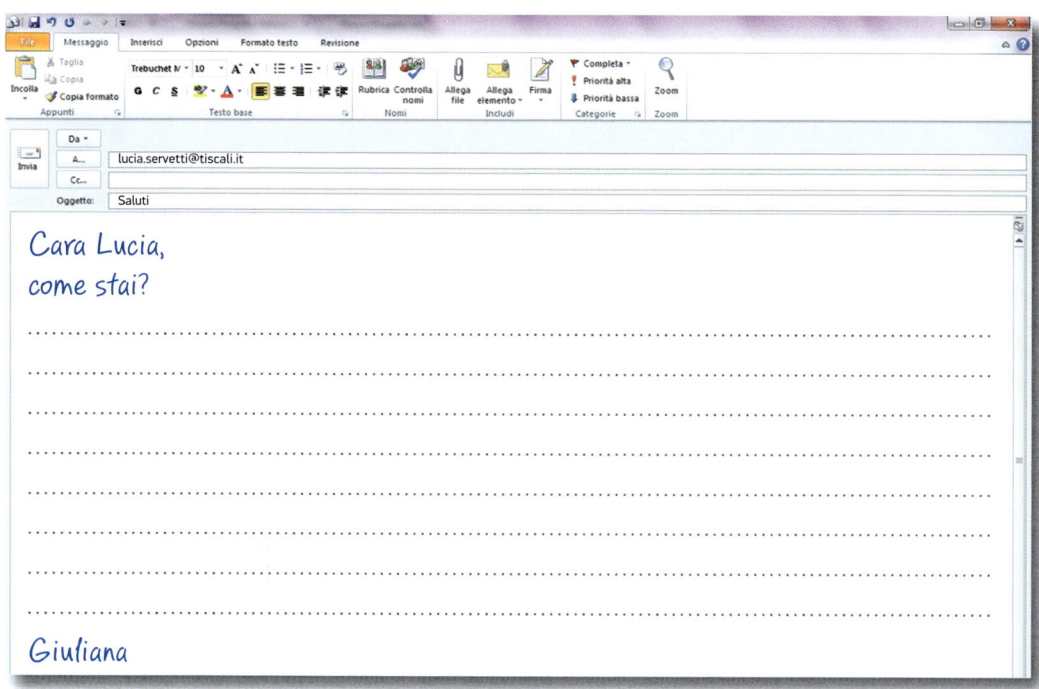

Scrivere una lettera formale / Unità 3

Da:
A...: lucia.servetti@tiscali.it
Cc...:
Oggetto: Saluti

Gentile sig.ra Lucia,
come sta? Tutto bene?

....
....
....
....
....
....
....
....

Giuliana Rossi

🖊 Scriviamo!

7 Scrivete nel quaderno un'e-mail (60-80 parole) all'albergo Le Terme per avere alcune informazioni. In particolare se:

- potete portare il vostro cane,
- l'albergo è molto lontano dal centro,
- l'albergo dispone di parcheggio.

Aggiungete altre informazioni che considerate utili.

> Per la vostra lettera:
> 1) cominciate a scrivere velocemente delle frasi senza preoccuparvi degli errori;
> 2) poi riguardate tutto con calma e cercate di collegare le frasi con l'uso dei connettivi;
> 3) alla fine rileggete la lettera per controllare anche l'ortografia.

8 Nel quaderno scrivete una lettera (60-80 parole) alla segreteria dell'Università *La statale* di Milano, Facoltà di Psicologia, per avere informazioni sulla vostra iscrizione del mese scorso, dato che non avete ricevuto nessuna comunicazione in merito.

Unità 4 — Descrivere il lavoro e lo studio

✏ Per iniziare!

> Lavorate o studiate? Parlatene con i vostri compagni di classe.

1 Leggete i seguenti testi e completate la tabella nella pagina seguente.

Carla è impiegata alla Banca Nazionale, lavora dal lunedì al venerdì e ha un orario fisso di otto ore al giorno. Lavora allo sportello, alla cassa, e il suo è un lavoro molto ripetitivo ma anche stressante. Carla ha un contratto a tempo determinato che scade tra quattro mesi. Anche se il suo lavoro non le piace molto, spera tanto di avere il rinnovo del contratto.

Bianca è insegnante di educazione fisica, lavora in un liceo 18 ore alla settimana. Ama molto il suo lavoro e i suoi studenti e si diverte insieme a loro. Quando il tempo è bello, Bianca porta gli studenti al campo sportivo, invece quando il tempo è brutto rimangono nella palestra della scuola. Fanno ginnastica, giocano a pallavolo, a pallacanestro o si preparano per le gare di atletica.

Federico è un giovane giornalista e scrive articoli per una rivista di economia. Non ha un orario fisso. Quando non è in ufficio a scrivere i suoi articoli al computer è in giro a intervistare personaggi del mondo dell'economia e della finanza. Per il suo lavoro Federico deve studiare molto e essere sempre al corrente di cosa succede nel mondo. Anche se il suo lavoro è molto interessante, Federico non guadagna molto, dato che non ha ancora uno stipendio fisso ma viene pagato solo per gli articoli che scrive.

Alberto studia alla Facoltà di Architettura del Politecnico di Milano. Frequenta l'ultimo anno e ha già cominciato a occuparsi della tesi. Ha molto da studiare e va a lezione quasi tutti i giorni, per questo durante la settimana non esce mai. Solo il sabato e la domenica va al cinema con gli amici; qualche volta va anche a ballare. Dopo la laurea Alberto spera di riuscire a trovare uno studio importante dove fare un po' di pratica. Fare l'architetto è sempre stato il sogno di Alberto, perché è un lavoro molto creativo.

Descrivere il lavoro e lo studio — Unità 4

	professione	dove?	orario	cosa fa?	com'è il lavoro?
Carla	___	___	___	___	___
Bianca	___	___	___	___	___
Federico	___	___	___	___	___
Alberto	___	___	___	___	___

2 Trovate il contrario dei seguenti aggettivi, come nell'esempio.

1. interessante
2. creativo
3. faticoso
4. stressante
5. fisso

a. rilassante
b. noioso
c. saltuario
d. leggero
e. ripetitivo

3 A coppie abbinate ogni professione alle attività, come nell'esempio.

01 insegnante
02 atleta
03 giornalista
04 dottore
05 libraio
06 attore
07 architetto
08 infermiere
09 giornalaio
10 fotografo
11 parrucchiere
12 veterinario
13 dentista
14 commesso

a. assistere i malati
b. tagliare e pettinare i capelli
c. vendere libri
d. allenarsi per le gare
e. curare i malati
f. occuparsi della cura dei denti
g. scrivere articoli
h. vendere in un negozio
i. recitare in teatro o in un film
l. preparare progetti per la costruzione di case
m. vendere giornali
n. scattare fotografie
o. curare gli animali
p. *insegnare in una scuola* (1)

Scriviamo insieme! 2

4 Completate le seguenti frasi, come nell'esempio.

1. Paolo è commerciante, *ha un negozio di fiori nel centro di Verona.*
2. Maria è segretaria, ...
3. Giovanna è impiegata, ...
4. Luisa è professoressa, ...
5. Gemma è medico, ...
6. Giulio è architetto, ...
7. Mauro è giornalista, ...
8. Silvia è commessa, ...

5 Scrivete il profilo di questa professionista e di questo studente.

Nome: Alessandra Ceretti
Età: 39
Professione: fotografa per una rivista di moda
Orario: non fisso
Attività: fotografare sfilate di moda, modelle, fare servizi pubblicitari
Dice della sua occupazione: interessante, creativa

Nome: Renato Marmori
Età: 23
Professione: studente di Medicina
Orario: lezione ogni giorno dalle 9 alle 15
Attività: studio, attività sportive nel tempo libero
Dice della sua occupazione: difficile, faticosa

Alessandra Ceretti

....
....
....
....
....

Renato Marmori

....
....
....
....
....

Descrivere il lavoro e lo studio — Unità 4

6 Completate il testo con i connettivi mancanti, scegliendo tra quelli indicati.

> ma • anche • purtroppo • perché • perciò

Il lavoro che faccio? Impiegata in uno studio di amministrazioni immobiliari. Questo lavoro non mi piace per niente. ……………… (1) sono andata a vivere da sola molto giovane e ho iniziato a lavorare presto ……………… (2) dovevo pagare l'affitto e mantenermi. ……………… (3) continuo a fare questo lavoro anche se non è interessante. Il lavoro dei miei sogni? Lavorare con i bambini. Ho studiato per fare l'educatrice negli asili nido ……………… (4) non sono riuscita a trovare lavoro in questo campo. In futuro mi piacerebbe ……………… (5) aprire una libreria o lavorare come bibliotecaria. Chissà!

7 Dividetevi in due gruppi e descrivete su un foglio di carta una professione senza dirne il nome. Leggete la descrizione all'altro gruppo, che deve indovinare di quale professione parlate.

8 Leggete queste lettere. Una è informale e l'altra è formale. Sottolineate le parole che vi aiutano a capire la differenza.

Caro Francesco,

il prossimo sabato darò una festa per la mia laurea. Ti aspetto con tua moglie, naturalmente. Sai che mi farà molto piacere vederti. Se vuoi portare anche i tuoi figli, ci saranno anche altri bambini e così potranno giocare. Se hai qualche problema a trovare la strada telefonami, così ti verrò incontro.
Allora, ti aspetto sabato sera alle 8. Mi raccomando, ci tengo molto.

Baci,
Stefania

Gentile professor Silvestri,
ho il piacere di invitarLa alla festa che darò il prossimo sabato per la mia laurea. Naturalmente è invitata anche Sua moglie e se vuole può portare anche i Suoi figli. Infatti ci saranno anche altri bambini con cui potranno giocare. Se ha problemi a trovare la strada, non si preoccupi, può venire a prenderLa mio marito.
La aspetto sabato sera alle 8.
Spero potrà venire, sa che ci tengo molto alla Sua presenza.
Cordiali saluti,
Stefania Bonini

Scriviamo!

9 Scrivete una lettera (80-100 parole) ad un amico o a un'amica in cui parlate del vostro nuovo lavoro o dei vostri studi.

10 Da un po' di tempo non siete contenti del lavoro che fate.

A. Scrivete una lettera (80-100 parole) ad un vostro vecchio professore, una persona che stimate molto e con cui siete rimasti in contatto, per sfogarvi e spiegare perché non siete soddisfatti e vorreste cambiare lavoro.

B. Scrivete la stessa lettera (80-100 parole) ad un vostro amico.

C. Scrivete la stessa lettera (80-100 parole) ai vostri genitori.

11 Scrivete una pagina del vostro diario (60-80 parole) parlando del lavoro dei vostri sogni e del lavoro che vi piacerebbe fare.

Caro diario,

Descrivere il tempo libero

Unità 5

Per iniziare!

> Cos'è per voi il tempo libero?

1 Scrivete nello spazio qui sotto che cosa è per voi il tempo libero e poi confrontatevi con i compagni.

Per me il tempo libero è ....
....
....

2 A coppie, osservate il seguente grafico e rispondete oralmente o per iscritto alla domanda che segue.

Cosa pensano gli italiani del tempo libero?

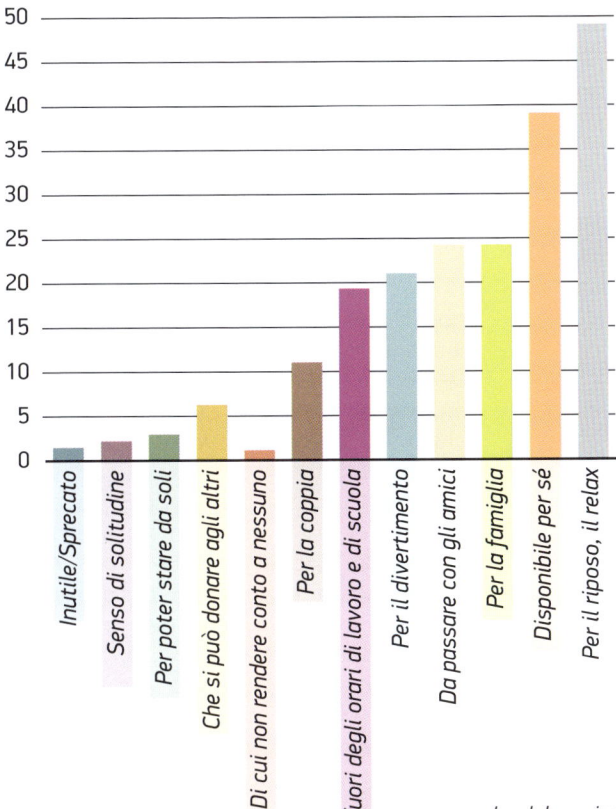

da: elaborazione C.S. Fipe su dati ISTAT

3 Leggete i seguenti testi e completate la tabella che segue.

Laura

Abito in una grande città e nel tempo libero posso fare tantissime cose per divertirmi. A essere sincera non sto mai ferma: faccio sport, incontro gli amici, vado al cinema o a teatro, mi piace ballare e per questo vado spesso in discoteca o a feste di amici e poi mi piace tantissimo andare in giro per i negozi a fare spese. Ho tantissime amiche e per questo non sono mai sola.

Io abito in una piccola città e ad essere sinceri non ci sono molte cose da fare. Ma questo non mi dispiace, dato che durante il tempo libero mi piace stare rilassato, leggere un libro e ascoltare della buona musica. Qualche volta vado ai concerti di musica classica o all'opera. Passo molto tempo a casa di amici a parlare e ascoltare musica con loro e qualche volta giochiamo anche a carte. Il sabato sera vado sempre al cinema.

Renato

Andrea

Io abito in un piccolo paesino di montagna dove non c'è molto da fare. Di solito, durante il tempo libero non so mai cosa fare e mi annoio molto. Quando il tempo è bello vado spesso a fare una passeggiata nel parco e mi fermo su una panchina a leggere, a volte invece mi fermo in un bar a bere un buon caffè. Se il tempo è brutto rimango a casa col caminetto acceso e leggo un libro. A dire il vero, non ho molti amici, ma qualche volta usciamo insieme per andare a qualche festa, però non mi diverto mai. Per questo a volte, anche se mi invitano, non esco con loro ma preferisco stare a casa a studiare. Ecco, studiare mi piace molto. E poi mi piace molto stare al computer, navigare e chattare su Facebook. Ecco, qui sì che ho trovato tanti amici!

Descrivere il tempo libero — Unità 5

	tipo di persona	attività
Laura		
Renato		
Andrea		

4 A coppie. Completate le frasi qui di seguito e dopo confrontate le vostre idee con quelle dei vostri compagni.

Mi annoio quando ....
....
....
....
....

Mi diverto quando ....
....
....
....
....

5 Completate la risposta alla richiesta di Valeria, inserendo le parole mancanti.

Mi chiamo Valeria, ho 24 anni e da una settimana mi trovo a Padova per motivi di studio, ma non ho ancora molti amici.
Vorrei alcuni consigli su come trascorrere il mio tempo libero.

Cara Valeria,
sono una ragazza della tua età. Ho letto la tua lettera e ho deciso di risponderti. Non ti devi preoccupare! In questa città puoi fare moltissime cose e divertirti molto. Non conosco il tuo carattere ma se sei un tipo sportivo puoi .... (1) o .... (2)
Se invece sei un tipo più tranquillo, puoi andare .... (3)
Inoltre ti consiglio di comprare la rivista Carnet, dove puoi trovare gli indirizzi di tutti i posti interessanti, musei, ristoranti, cinema, teatri e tante altre cose. Spero che i miei consigli ti siano utili.

Buona fortuna!
Roberta

6 Completate le frasi con gli elementi mancanti. Sono possibili più risposte.

1. Di solito vado a teatro .... volta alla settimana.
2. Mio fratello va in palestra .... giorni.
3. Franco è piuttosto pigro e .... fa poco sport.
4. Io non vado .... in discoteca perché non mi piace ballare.
5. Mia madre .... sere prima di dormire legge un po'.
6. Il sabato sera andiamo .... al cinema con amici.
7. Io guardo .... la tv, specialmente la sera.
8. Il sabato vado a delle feste in casa di amici, ma .... mi annoio.
9. Mia sorella va in piscina .... martedì.
10. La domenica faccio .... una passeggiata sul lungomare.

Ricordate che si dice:
una volta al/alla/all'
due volte al/alla/all';
tutta la mattina/
tutte le mattine.

Descrivere il tempo libero — Unità 5

7 **A.** A coppie. In questo crucipuzzle ci sono sedici attività sportive (in orizzontale e verticale). Vediamo chi le trova per primo.

p	a	l	l	a	v	o	l	o	t	r	a	s	o
a	v	a	p	a	l	e	s	t	r	a	a	e	a
l	a	t	a	r	s	o	n	t	n	v	r	q	l
l	o	s	t	e	n	n	i	s	u	e	r	u	p
a	n	t	t	s	c	i	g	u	o	l	a	i	i
c	i	b	i	l	c	u	i	r	t	a	s	t	n
a	s	a	n	g	o	f	e	f	o	a	t	a	i
n	e	l	a	e	r	o	b	i	c	a	a	z	s
e	n	l	g	a	s	n	l	o	b	l	l	i	m
s	t	o	g	i	a	o	m	g	o	l	f	o	o
t	a	c	i	c	l	i	s	m	o	c	o	n	r
r	o	i	o	c	o	s	c	a	l	b	a	e	r
o	r	t	c	a	l	c	i	o	s	a	n	c	o

B. A coppie. Utilizzate le parole che avete trovato nell'attività precedente e lavorate con il vostro compagno seguendo l'esempio:

"Io gioco a pallavolo, e tu?"

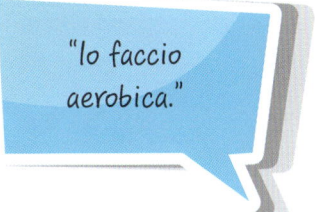

"Io faccio aerobica."

Scriviamo!

8 Per motivi di studio vi siete trasferiti in un'altra città. Scrivete nel vostro quaderno un'e-mail (80-100 parole) a un amico o a un'amica italiani e descrivete come passate le vostre giornate.

9 Scrivete (60-80 parole) a un nuovo amico su Facebook descrivendo:

- che tipo siete,
- come passate le vostre giornate,
- cosa vi piace fare nel tempo libero.

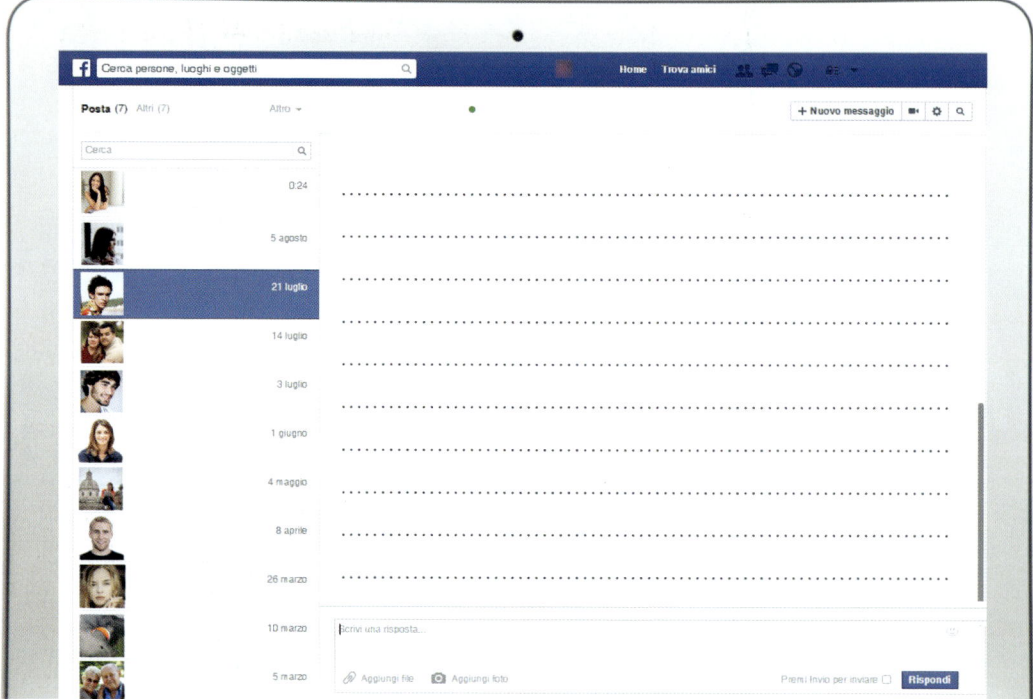

10 A coppie. Scrivete un questionario sul tempo libero da distribuire ai vostri compagni.

Esprimere opinioni e preferenze

Unità 6

✏ Per iniziare!

> Voi preferite vivere in città o in campagna? E perché? Parlatene con i compagni di classe.

1 Mettete in ordine i paragrafi del seguente testo.

[1] **a.** Finalmente dopo aver pagato per tanti anni affitti altissimi, decido di comprare una casa. Ne parlo con mia moglie e i miei figli e invece di essere tutti contenti, cominciano a discutere su dove comprarla, se in città o in campagna.

[ ] **b.** Alba e Luca, invece, sono sostenitori della campagna perché la qualità della vita è migliore: senza ansia e stress, i rapporti tra le persone sono più umani, e c'è tranquillità e silenzio. Secondo loro inoltre, oggi è molto facile dalla campagna raggiungere la città, con l'autostrada bastano circa trenta minuti.

[ ] **c.** Sia la città che la campagna presentano dei vantaggi e degli svantaggi, tutto dipende da noi, dal tipo di vita che preferiamo, dagli obblighi di lavoro o di studio. L'ideale sarebbe avere una casa in città per la settimana lavorativa e una fuori città per il fine settimana.

[ ] **d.** Inoltre, in città esistono molte possibilità di praticare sport, andare a teatro o al cinema, seguire corsi di vario tipo ed è più facile incontrare gli amici. Infatti tutti i nostri amici vivono in città e se ci trasferiamo in campagna probabilmente ci sentiremmo molto soli.

[ ] **e.** Inoltre, oggi i piccoli centri sono molto organizzati ed è più facile fare tutto perché non c'è il problema delle grandi distanze e la gente in genere è più gentile e pronta ad aiutarti. Io ho ascoltato tutto ciò in silenzio e quando loro mi hanno chiesto il mio parere non ho saputo rispondere.

[ ] **f.** All'improvviso la famiglia si divide in due: mia moglie Franca e mio figlio Giacomo sono per una casa in città, gli altri due figli, Alba e Luca, invece preferiscono trasferirsi in campagna. La discussione dura almeno un'ora. Franca e Giacomo sostengono che è assurdo comprare una casa in campagna dal momento che tutti noi lavoriamo in città.

2 A coppie. Completate le seguenti tabelle.

I vantaggi della città secondo Franca e Giacomo:	I vantaggi della campagna secondo Alba e Luca:	L'opinione del padre:

3 Completate il testo con i connettivi mancanti, scegliendo tra quelli indicati.

anche ♦ poiché ♦ ancora ♦ prima di tutto ♦ dall'altra ♦ invece

Da una parte vorrei andare a vivere in campagna con la famiglia, ma .... (1) capisco che per la mia famiglia non sarà una decisione facile. Mia moglie e mio figlio preferiscono rimanere in città .... (2) sostengono che la città offre molte più opportunità di lavoro. Gli altri due figli, ... (3), non vedono l'ora di andarsene dalla città, dove la vita è troppo stressante. Io ho spiegato a tutti che dobbiamo vedere non solo gli aspetti negativi ma .... (4) quelli positivi per prendere la decisione giusta. Comunque io sono .... (5) indeciso su cosa fare, ma penso che .... (6), prima di prendere una decisione, dobbiamo cercare di trovare un accordo tra di noi.

4 A gruppi. Il gruppo A elenca tutti i vantaggi e gli svantaggi della vita in città. Il gruppo B quelli della vita in campagna.

A		B	
Vantaggi	Svantaggi	Vantaggi	Svantaggi

Esprimere opinioni e preferenze — Unità 6

5 Riscrivete le frasi con il connettivo adatto, apportando le opportune modifiche. Controllate poi l'attività con il vostro compagno di banco e successivamente con l'insegnante.

1. In ufficio sono riuscito ad ottenere un trasferimento. Devo partire subito.
   poiché   perciò
   ....
   ....

2. In questi anni ho lavorato molto. Ho ottenuto una promozione!
   finalmente   infine
   ....
   ....

3. I miei genitori non mi hanno permesso di partire con i miei amici. Io sono ancora troppo giovane.
   perciò   perché
   ....
   ....

4. Ho deciso di prendere in affitto la casa in via Crispi. La casa è un po' piccola.
   anche   anche se
   ....
   ....

5. Da quando vivo in campagna vedo raramente i miei amici. Vedo i miei amici solo una volta al mese.
   infatti   però
   ....
   ....

6. La città in cui vivo mi piace molto. Ci sono bei negozi, molti bar e ristoranti. In città ci sono molti parchi.
   inoltre   ancora
   ....
   ....

7. Antonio mi piace, è un ragazzo in gamba. Lui è molto affascinante.
   ancora   anche
   ....
   ....

8. Daniele e Giorgio sono cugini. Daniele e Giorgio si vogliono molto bene.
   anche   ancora
   ....
   ....

Scriviamo insieme! 2

✎ Scriviamo!

6 Dopo aver vissuto per anni in un piccolo paesino di montagna vi siete trasferiti per lavoro in una grande città. Scrivete una e-mail (80-100 parole) ai vostri amici dove raccontate questa vostra nuova esperienza.
Per scrivere la vostra lettera seguite questi consigli:

a. Raccogliete in questo spazio gli aspetti positivi e negativi della vita in una grande città.

molte opportunità

b. Suddividete le vostre idee in due gruppi.

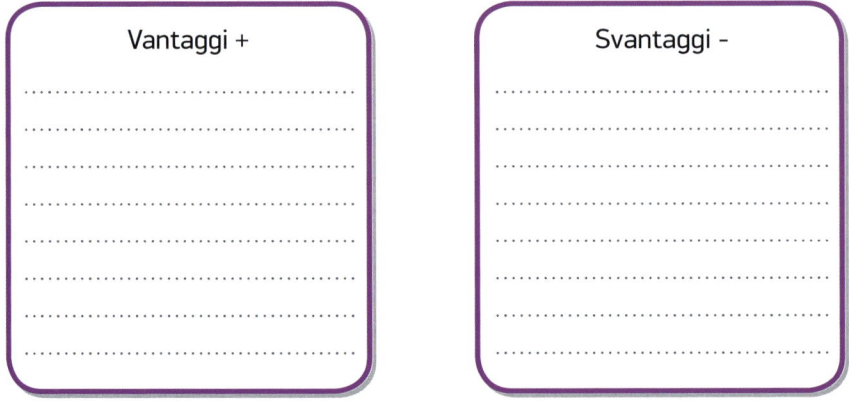

Vantaggi +

Svantaggi -

Esprimere opinioni e preferenze — Unità 6

c. **Adesso preparate una scaletta per dare ordine ai vostri pensieri.**

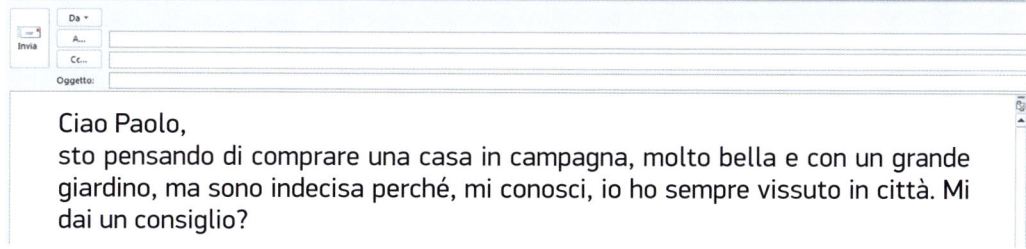

Introduzione: ....
....

Parte centrale: ....
....
....

Conclusione: ....
....

d. **E ora scrivete sul quaderno la vostra lettera.**

7 Rispondete all'e-mail (80-100 parole) di questa vostra amica.

Ciao Paolo,
sto pensando di comprare una casa in campagna, molto bella e con un grande giardino, ma sono indecisa perché, mi conosci, io ho sempre vissuto in città. Mi dai un consiglio?

Unità 7
Raccontare un viaggio

✏ Per iniziare!

> Dove e come vi piace viaggiare? Raccontate qualche vostra esperienza.

1 A coppie. Mettete in ordine i paragrafi di questo diario di viaggio, come nell'esempio.

1 a. Quest'anno abbiamo fatto una vacanza veramente particolare, una crociera nel Mediterraneo con destinazione Grecia e Turchia.

..... b. L'offerta era davvero invitante: 590 euro a persona + bambini gratis e così abbiamo deciso di partire. La prima tappa è stata Catania e da lì abbiamo raggiunto Taormina. Taormina è splendida, anche se piena di turisti, il suo anfiteatro romano con vista sul golfo mi ha lasciato senza fiato.

..... c. Infatti, si poteva mangiare a tutte le ore, dalla colazione sino a tarda mattinata, al pranzo, alla merenda delle 16,30 sempre con ricco buffet, alla cena in ristorante, sino ad arrivare ai vari buffet di mezzanotte.

..... d. Quarto giorno sosta a Patmos e Mykonos. È stata stupenda la passeggiata su per il monte, il monastero della fortezza è veramente interessante con i suoi affreschi, la sua architettura e il tesoro. Pomeriggio a Mykonos, passeggiata tra le viuzze, negozi carini, localini e pub accoglienti e vivaci. La collina dei mulini è molto romantica.

..... e. Il terzo giorno la nave ha fatto scalo a Marmaris in Turchia. Abbiamo raggiunto Dalyan e Kaunos, vecchio porto ormai scomparso, con rovine romane e uno splendido anfiteatro "naturale" che ancora non è stato rovinato dalle ricostruzioni artificiali dell'uomo.

..... f. Io e mio marito avevamo già fatto una crociera nel Mediterraneo, con la stessa compagnia, e devo dire che l'organizzazione a bordo, secondo il mio parere, è migliorata, soprattutto per quanto riguarda le attenzioni per i bimbi. Per quanto riguarda il cibo, la scelta è molto più varia ma la qualità, pur essendo sempre molto valida, è inferiore allo standard del passato.

..... g. Il secondo giorno è stato interamente di navigazione, così ci siamo potuti godere la vita di bordo. L'animazione organizzava alcuni giochi, tornei, corsi e spettacoli sia per bambini sia per ragazzi, ma anche per adulti, durante tutto l'arco della giornata. Oltre alle varie attività di bordo, compreso l'uso di tre piscine e tre vasche idromassaggio con acqua calda, un altro passatempo, se così si può chiamare, era mangiare.

da: www.ilgiramondo.net

EDILINGUA

Raccontare un viaggio Unità 7

2 Dopo aver messo in ordine i paragrafi completate la tabella.

Dove: ....
Trasporto: ....
Servizi: ....
Costo: ....
Commento: ....

3 A. A coppie. In questo diagramma ci sono 10 parole relative alle vacanze e ai viaggi (in orizzontale, verticale e diagonale). Vediamo chi le trova per primo!

a	g	r	i	t	u	r	i	s	m	o
l	p	a	t	g	o	a	t	r	s	a
p	o	s	i	m	o	n	t	a	s	n
i	r	c	r	o	c	i	e	r	a	i
n	a	s	s	n	t	a	p	r	o	n
i	e	s	c	u	r	s	i	o	n	e
s	e	t	a	m	a	r	s	b	i	s
m	o	a	t	e	a	g	c	a	n	t
o	a	r	i	n	o	r	i	l	l	e
v	i	s	i	t	e	o	e	t	a	r
p	a	s	v	i	s	i	a	i	a	o

B. E ora completate le frasi con 8 delle dieci parole che avete trovato nel cruciverba.

1. Ho fatto una .... nel Mediterraneo.
2. Ho fatto una bellissima .... a Roma.
3. L'............................ in montagna è stata molto impegnativa, 10 ore di cammino.
4. Le .... guidate nei musei sono comprese nel prezzo.
5. Io preferisco il .... alla montagna.
6. Vado spesso in vacanza all'............................
7. Amo lo .... e molti altri sport di montagna.
8. Abbiamo passato un fine settimana in Toscana, immersi nel verde di un .... fantastico.

4 Completate il testo con le parti mancanti (massimo 4 parole).

Questa mattina ci siamo alzati molto presto, alle 5 e mezzo perché .... (1) per Barcellona.
Siamo andati a Venezia, all'aeroporto Marco Polo, con la macchina e .... (2) al parcheggio dell'aeroporto. Siamo entrati nell'aeroporto e abbiamo portato le valigie al check-in; c'era .... (3) e così .... (4).
Dopo il check-in siamo andati al bar a fare colazione e abbiamo preso .... (5) come tutti gli italiani e poi siamo andati .... (6) per prendere l'aereo. Siamo stati sfortunati perché il tempo era molto brutto e così l'aereo .... (7). Alla fine, l'aereo è decollato alle 13,30 ed .... (8) di Barcellona verso le 15,30.

5 Siete costretti ad annullare una prenotazione che avevate fatto per le vacanze. Inviate per questo un fax all'albergo. Nel testo però sono saltati tutti i connettivi e la punteggiatura. Completate il testo nel modo corretto. Dopo controllate con i vostri compagni.

Hotel Arlecchino
Venezia

All'attenzione di
Rosa Alberti

Gentili signori

mi chiamo Stella Fioravanti e avevo prenotato una camera doppia per la settimana dal 3 al 7 luglio compreso per motivi personali sono costretta ad annullare la mia prenotazione in quei giorni dovrò entrare all'ospedale per un serio intervento desidero sapere qual è la procedura per avere il rimborso della somma già da me versata per tutto il soggiorno con pagamento effettuato online con carta di credito se sono previste delle penalità in questo caso resto in attesa di una Vostra risposta

Distinti saluti
Stella Fioravanti

Raccontare un viaggio — Unità 7

6 Completate le frasi sottolineando la forma giusta.

> Anche o Inoltre?

Un viaggio di lavoro

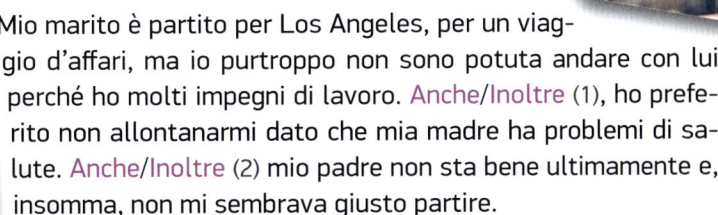

Mio marito è partito per Los Angeles, per un viaggio d'affari, ma io purtroppo non sono potuta andare con lui perché ho molti impegni di lavoro. Anche/Inoltre (1), ho preferito non allontanarmi dato che mia madre ha problemi di salute. Anche/Inoltre (2) mio padre non sta bene ultimamente e, insomma, non mi sembrava giusto partire.
Così questa settimana la dedicherò interamente alla mia famiglia, cucinerò per i miei genitori, gli pulirò la casa e anche/inoltre (3) il giardino. Se mi rimane un po' di tempo, vorrei incontrare i miei cugini e anche/inoltre (4) Stefania, la mia amica d'infanzia che non vedo da molto tempo. Anche/Inoltre (5), approfitterò di questa parentesi per leggere un po', perché quando mio marito è a casa non ci riesco mai!

Scriviamo!

7 A. Siete andati a Roma con un viaggio organizzato di una settimana. Raccontate come avete passato la vostra prima giornata.

```
*ore 07.30: sveglia, colazione in albergo
*ore 08.00: visita ai musei Vaticani
*ore 13.00: pranzo in un tipica trattoria romana
*ore 14.30: al bar
*ore 16.00: passeggiata per Via Veneto, spese
*ore 18.00: albergo, doccia
*ore 21.00: teatro Sistina "Sei personaggi in cerca
 d'autore" di Luigi Pirandello
*ore 24.00: letto
```

B. Scrivete un'e-mail (60-80 parole) a un amico o a un'amica in cui:

- lo/la invitate a venire in vacanza nel vostro Paese,
- gli/le spiegate dove andrete e cosa farete.

C. Prendendo spunto da una di queste fotografie scrivete a un amico o a un'amica una lettera in cui raccontate il viaggio che avete fatto. Dopo scambiatevi le lettere con i vostri compagni per la correzione (80-100 parole).

Prima di scrivere la lettera buttate giù velocemente le risposte a queste domande:
dove? come? con chi? per quanto tempo? cosa?

Raccontare esperienze ed emozioni

Unità 8

Per iniziare!

> Oggi siete tristi o contenti? Perché? Raccontatelo ai vostri compagni di classe.

1 Leggete attentamente l'e-mail e svolgete l'attività che segue.

Da: sandra80@hotmail.it
A: elisabetta.greggio@libero.it
Cc:
Oggetto: dammi un consiglio per favore!

Ciao Elisabetta,

sai, avevi proprio ragione riguardo a Marta, quando mi dicevi di non fidarmi di lei. Ho sempre pensato che ti sbagliavi e che eri prevenuta. Infatti io la consideravo una buona amica, sempre molto gentile con me e sempre interessata alla mia vita, ai miei amici, ai miei sogni, anche al progetto che stavo preparando al lavoro. Ora che ci penso, a questo progetto sembrava anche troppo interessata... Senti cosa è successo!

Stamattina mi sono svegliata molto presto e così sono arrivata in ufficio prima del solito e, senti senti, chi ci ho trovato? Marta! E sai cosa faceva lì? Frugava tra le mie carte, proprio così! L'ho vista che copiava i miei appunti del progetto che pensavo di presentare al direttore la settimana prossima. Non sapevo cosa fare. Ho fatto un po' di rumore, lei mi ha sentito e ha messo subito tutto a posto e io ho fatto finta di niente.

Ora cosa devo fare? Le dico che l'ho vista oppure faccio finta di niente? E se invece lo dico al Direttore? Dammi un consiglio. Comunque ci sono rimasta proprio male, che delusione!

Bacioni,
Sandra

Individuate e scrivete in basso a cosa corrispondono le parti in blu nella lettera. Dopo controllate con il vostro compagno.

a. la .... d. L' ....
b. ci .... e. Le ....
c. lì .... f. lo ....

2 Abbinate le frasi della colonna di sinistra con quelle della colonna di destra.

1. Sono proprio contenta
2. Che delusione!
3. Ci siamo molto arrabbiati
4. Siamo veramente felici
5. Ci sono rimasta molto male
6. Che bello!*
7. Siamo molto tristi
8. Sono molto soddisfatta!

a. Sandra mi porta con lei a Parigi!
b. Mio figlio ha vinto il concorso.
c. quando abbiamo saputo quello che era successo.
d. Non ho superato l'esame.
e. quando ho saputo che non mi aveva invitato alla festa.
f. di poter partire con loro.
g. perché Giorgio si è trasferito in un'altra città.
h. di averti conosciuto!

*Possiamo esprimere gioia o disappunto con Che + aggettivo + punto esclamativo:
Che bello! / Che brutto!...*

3 A coppie. Abbinate le frasi nelle nuvolette ai rispettivi sentimenti sottoelencati.

1. Che meraviglia! È un regalo stupendo!
2. Sono molto giù. Stefania non mi ha più telefonato.
3. Mio figlio ha vinto il concorso. è proprio un ragazzo in gamba!
4. Evviva! Questa sì che è una bella notizia!
5. Che peccato! Mi dispiace tanto per quello che è successo.
6. Accidenti, hai strisciato di nuovo la macchina? È la terza volta!
7. Che amarezza! Il professore mi ha bocciato anche questa volta... e avevo studiato così tanto!
8. Non posso crederci! Mio fratello ha deciso di sposarsi!
9. Mamma mia! Chi è quell'uomo sotto casa nostra?
10. Il ragazzo più bello della scuola mi ha invitato a uscire. Ha scelto proprio me! Che emozione!!

 a. rabbia
 **1** b. gioia
 c. stupore/incredulità
 d. tristezza
 e. delusione

 f. paura
 g. dispiacere
 h. emozione
 i. entusiasmo
 l. soddisfazione

Raccontare esperienze ed emozioni — Unità 8

4 Completate il messaggio con gli elementi mancanti.

> Marisa,
> ho vinto un viaggio a Parigi! .... (1)!
> Il problema però è che dovrei partire dopodomani, ma il mio direttore non mi dà il permesso. Così devo rinunciare al viaggio. .... (2)!
> Quindi ho pensato di regalare a te il mio biglietto. Telefonami subito, sono in ufficio.
> Ciao, Mary

5 Scegliete la risposta più adatta a questo messaggio.

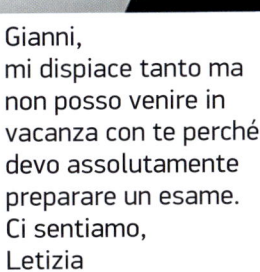

Gianni,
mi dispiace tanto ma non posso venire in vacanza con te perché devo assolutamente preparare un esame.
Ci sentiamo,
Letizia

a. Accidenti! Ci tenevo tanto a partire con te.

b. Che peccato!* Ci tenevo tanto a partire con te.

c. Meno male! Ci tenevo tanto a partire con te.

> *Possiamo esprimere molte emozioni usando Che + sostantivo + punto esclamativo:*
> *Che tristezza!*
> *Che delusione!*
> *Che gioia!*
> *Che peccato!*
> *Che meraviglia!*
> *Che sfortuna!*
> *Che fortuna!*
> *Che dolore!*
> *Che vergogna!*

6 Completate le seguenti frasi con il connettivo adatto, scegliendo tra quelli dati.

finalmente ♦ alla fine ♦ infine

1. Sai, ci ho pensato molto bene e .... ho deciso di cambiare lavoro.
2. .... sei arrivato! Sono tre ore che ti aspetto.
3. Al nostro primo appuntamento Marco mi ha portato a cena fuori, poi a bere qualcosa e .... a fare una passeggiata.
4. .... è arrivata la lettera che mia figlia aspettava da tempo!
5. Quando ho conosciuto Gabriele all'inizio non mi stava simpatico ma .... ho capito che era un bravo ragazzo.
6. Sono molti i motivi per cui voglio cambiare casa. Innanzitutto l'appartamento è piccolo, poi c'è molta umidità e .... l'affitto è troppo caro.
7. Quando Giuseppe è andato a studiare a Londra all'inizio si è trovato molto male, ma .... si è ambientato molto bene.

7 A coppie. Osservate le immagini e scrivete una breve e-mail ad un vostro amico.

Da ▾	annamaria@tiscali.it
A...	alby@gmail.com
Cc...	
Oggetto:	mi laureo!

Caro Alberto,
....
....
....
....
....
....

Il giorno .... alle ore ....
presso ....
via ....
n° telefono ....
Sei invitato alla mia festa di laurea!

✎ Scriviamo!

8 Scrivete tre frasi di circa 30-40 parole per esprimere i vostri sentimenti e dopo leggetele ai vostri compagni.

Raccontare esperienze ed emozioni — Unità 8

9 Rispondete (60-70 parole) all'e-mail di Gianni.

Da:	gianni88@tiscali.it
A:	pierino@gmail.com
Cc:	
Oggetto:	ce l'ho fatta!

Ciao Piero,

ce l'ho fatta! Mi sono presentato al colloquio per quel posto di lavoro in banca di cui ti avevo parlato e mi hanno assunto subito. Non riesco ancora a crederci! È da sei mesi che cerco di trovare un lavoro e ora finalmente l'ho trovato. Beh, sono proprio fortunato non credi?

Ti abbraccio,
Gianni

Ciao Gianni,

....

---

10 Scrivete un'e-mail (100-120 parole) ad un amico o a un'amica per raccontare una vostra esperienza piacevole o spiacevole.

Caro ....

Scriviamo insieme!

Unità 9 — Scrivere e rispondere ad annunci

🖊 Per iniziare!

> Avete mai pubblicato un annuncio sul giornale o in rete?
> Per quale motivo? Parlatene con la classe

A. Leggete il seguente annuncio.

Salve a tutti ragazzi,
sono nuova del forum. Vivo a Ferrara. Ho delle cosette carine usate pochissimo (nel vero senso della parola) da vendere. Sono cose veramente in buonissimo stato e per voi sicuramente un vero affare. Guardate qui sotto. Per qualsiasi informazione potete contattarmi via mail: danielaro81@tin.it
Daniela

1

Camicia di Nara Camicie in seta a righe verticali bianche e nere. Manica lunga, taglia M.
€ 17,00 (prezzo di cartellino € 70,00)

2

Blusa Sisley senza maniche, colore blu a pois bianchi. Cotone 100%, taglia M.
€ 20,00 (prezzo di cartellino € 80,00)

3

Camicia in chiffon di Nara Camicie. Manica corta, colore rosa, taglia L (ma veste poco).
+ Sciarpa rosa fantasia. € 13,00 (prezzo di cartellino € 40,00)

4

Stivali neri Gucci con tacco alto, numero 39.
€ 50,00 (prezzo di cartellino € 250,00)

5

Camicia Kiabi manica lunga in cotone elasticizzato. Colore verde scuro con righe verticali e orizzontali azzurre e nere. Taglia S. + Sciarpa blu fantasia floreale. € 17,00 (prezzo di cartellino € 45,00)

da: www.internetsavona.com

Scrivere e rispondere ad annunci — Unità 9

B. A coppie. Scegliete la risposta più adatta all'annuncio. Poi spiegate il perché della vostra scelta e discutetene con l'insegnante.

a

Gentile signorina Daniela,
ho letto il suo annuncio e sarei interessato alle camicie Nara. Infatti vorrei regalare queste camicie a mia moglie per il suo compleanno. Mia moglie è una donna molto elegante e ama molto le camicie Nara. Vorrei sapere dove posso effettuare il pagamento e ritirare le camicie.

Distinti saluti,
Mario Vicentini

b

Ciao Daniela,
hai ragione le tue cose sono proprio un vero affare! Vorrei comprare le camicie Nara. Come faccio per il pagamento e per ritirare le camicie?

Francesca

c

Cara Daniela,
sono una studentessa della Facoltà di Lettere e studio a Pavia da cinque mesi. Ho letto il tuo annuncio e trovo molto interessante l'offerta delle camicie Nara e vorrei comprarle per regalarle a mia sorella per il suo compleanno. Dove posso inviarti i soldi e ritirare le camicie?

Un caro saluto,
Renata

② Nel vostro quaderno, impostate nel modo corretto la seguente e-mail, inserendo la punteggiatura e le maiuscole dove necessario.

Da:	giovanna.mellis@tin.it
A:	serendipity@hotmail.com
Cc:	
Oggetto:	acquisti!!

Ciao serena ieri ho fatto degli acquisti online e penso di avere fatto un vero affare guarda cosa ho comprato una camicia Nara a soli 17 euro una blusa Sisley di cotone e una camicia Kiabi a 17 euro con quest'ultima camicia c'era anche una sciarpa blu in regalo tutte cose di marca come vedi c'erano anche un paio di stivali Gucci in offerta ma non li ho presi perché erano numero 39 forse possono interessare a te costano solo 50 euro se ti interessano ti mando l'e-mail della persona che li vende così la puoi contattare a presto

giovanna

3 Leggete il seguente annuncio e completate la lettera di risposta.

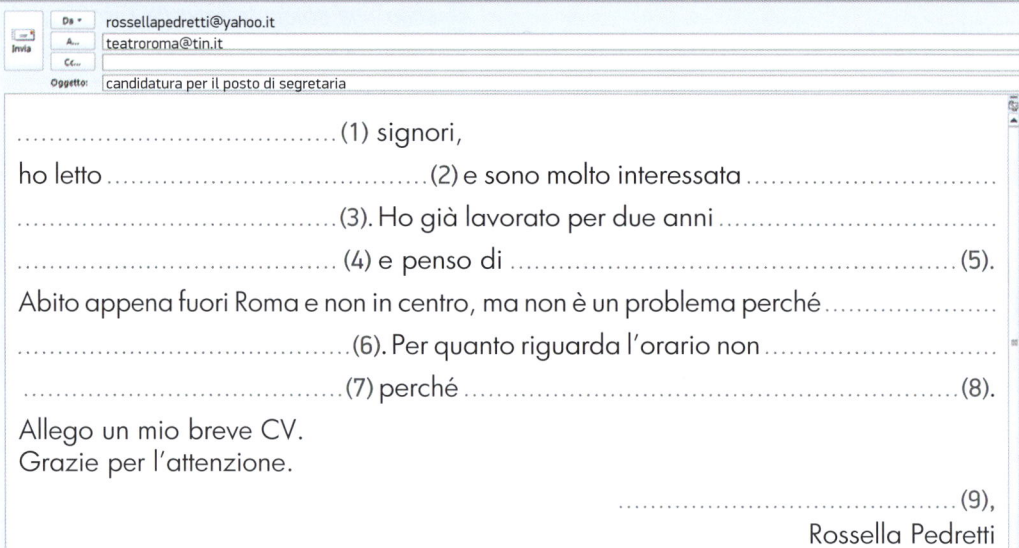

............................(1) signori,

ho letto ....(2) e sono molto interessata ....
.................................(3). Ho già lavorato per due anni ....
.................................(4) e penso di ....(5).
Abito appena fuori Roma e non in centro, ma non è un problema perché ....
....(6). Per quanto riguarda l'orario non ....
..................................(7) perché ....(8).
Allego un mio breve CV.
Grazie per l'attenzione.

....(9),
Rossella Pedretti

4 **A.** A coppie. Confrontate lo stile della lettera con quello dell'annuncio dell'esercizio 3 e riflettete sulle differenze.

B. A coppie. Ora trasformate la seguente e-mail in un annuncio.

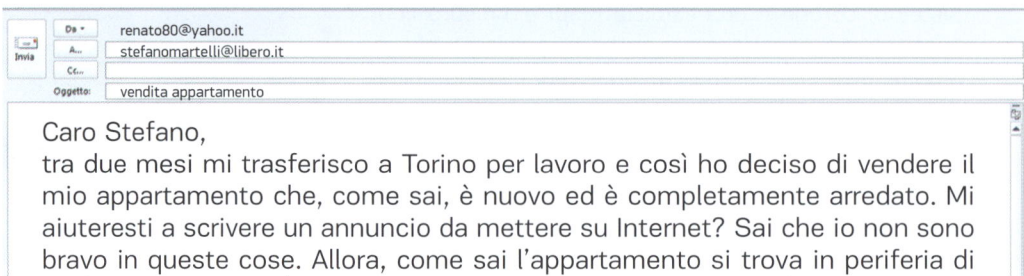

Caro Stefano,
tra due mesi mi trasferisco a Torino per lavoro e così ho deciso di vendere il mio appartamento che, come sai, è nuovo ed è completamente arredato. Mi aiuteresti a scrivere un annuncio da mettere su Internet? Sai che io non sono bravo in queste cose. Allora, come sai l'appartamento si trova in periferia di Forlì, a due chilometri dal casello dell'autostrada. La zona è servita molto bene perché ci sono vari negozi alimentari, ci sono poi la banca, la posta,

Scrivere e rispondere ad annunci — Unità 9

la farmacia, una pizzeria e inoltre, a due passi da casa, c'è la fermata dell'autobus. Così, per raggiungere il centro ci vogliono solo dieci minuti. L'appartamento, come ricorderai, è composto da tre camere da letto, la cucina è spaziosa e c'è una bella sala. Inoltre, c'è un bagno piuttosto grande e un altro piccolino. Ah, dimenticavo, il riscaldamento è autonomo e c'è anche il posto macchina in garage. Che dire? Mi dispiace molto lasciare una casa così bella. Per quanto riguarda il prezzo, sono ancora indeciso, aspetto un tuo consiglio. In ogni caso, sono disposto a trattare.
Grazie mille per il tuo aiuto!
Renato

Annuncio

Vendo appartamento ....

🖋 Scriviamo!

5 Vi siete appena laureati e così lasciate il vostro mini appartamento per tornare a casa, nella vostra città. Per questo pensate di vendere alcune cose dell'arredamento. Scrivete un annuncio (80-100 parole) da inserire nel sito del Mercatino dell'usato.

6 Rispondete al seguente annuncio, scrivendo una lettera di accompagnamento (80-100 parole) al vostro Curriculum Vitae.

Il Centro di Studio Inglese ricerca urgentemente:
- 1 docente di ITALIANO
- 3 docenti di FRANCESE

I docenti interessati dovranno possedere i seguenti requisiti:
- essere madrelingua,
- avere almeno 3 anni di esperienza nell'insegnamento della propria lingua a stranieri,
- avere maturato esperienza nell'insegnamento multimediale,
- possedere un diploma universitario o laurea in ambito linguistico,
- conoscere una seconda lingua (preferibilmente l'inglese).

Si propone una collaborazione full o part-time, da febbraio a luglio.
Si prega di inviare dettagliato CV, in formato europeo, al seguente indirizzo e-mail: varese@centrodistudiinglese.it o al seguente numero di fax: (+39) 0332.538971.
La fase di selezione si concluderà entro la fine di gennaio.

Spettabile Centro di Studio Inglese,

Dare istruzioni e indicazioni

Unità 10

🖊 Per iniziare!

> Vi è mai capitato di leggere le istruzioni d'uso di un oggetto che avete appena comprato e di non riuscire a eseguirle? Parlatene con il vostro compagno.

1 A coppie. In questa e-mail le frasi sono saltate di posto. Cercate di rimetterle nell'ordine giusto. Dopo confrontate il risultato con i compagni di classe.

Da: vale.mius@tiscali.it
A: sandra76@hotmail.com
Cc:
Oggetto: ricetta

Ciao Sandra,
eccoti la ricetta per i biscotti all'arancia che mi avevi chiesto. Questi sono gli ingredienti:
200 grammi di farina, 50 grammi di fecola di patate o cornflour, 100 grammi di burro, 1 cucchiaio di lievito, 1 uovo, 100 grammi di zucchero, 1/2 scorza di arancia grattugiata, il succo di 1/2 arancia, zucchero a velo.

..... a. Ti do un consiglio. È meglio se fai l'impasto con le mani. Infine, versi pian piano il succo d'arancia. Ti verrà un impasto molto morbido.

..... b. Poi aggiungi pian piano la farina, la fecola di patate e il lievito. A questo punto aggiungi il burro e cominci a impastare.

..... c. Alla fine, quando sono pronti, li togli e li spolveri, se vuoi, con dello zucchero a velo.

1 d. Prima di tutto togli il burro dal frigorifero, lo tagli a pezzetti e lo lasci un po' ammorbidire.

..... e. Devi metterlo in frigorifero per mezz'ora. Dopo spiani la sfoglia e cominci con delle formine a fare i biscotti. Metti i biscotti su carta da forno e li lasci cuocere in forno per 10-15 minuti a 180 gradi.

..... f. Intanto in una terrina sbatti l'uovo con lo zucchero e poi aggiungi la scorza d'arancia.

Sono una delizia!
Aspetto di sapere se ti sono piaciuti.
Baci,
Valentina

2 Abbinate i verbi della colonna di sinistra alle frasi della colonna di destra.

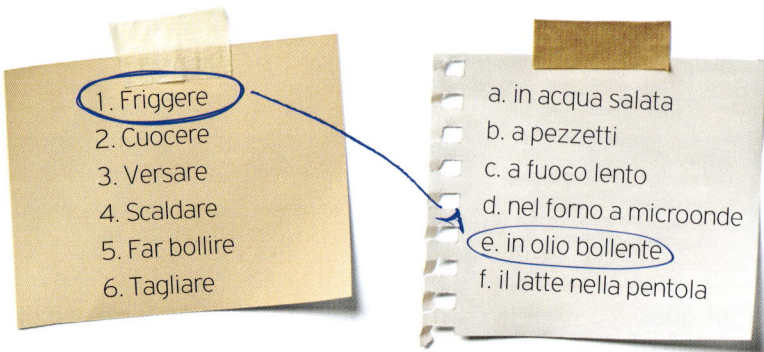

1. Friggere
2. Cuocere
3. Versare
4. Scaldare
5. Far bollire
6. Tagliare

a. in acqua salata
b. a pezzetti
c. a fuoco lento
d. nel forno a microonde
e. in olio bollente
f. il latte nella pentola

3 Per le vacanze di Natale siete stati a trovare la vostra famiglia e una volta partiti vi accorgete di aver dimenticato il caricatore del vostro cellulare. Decidete quindi di scrivere un'e-mail a vostro padre e di dargli delle indicazioni per trovarlo. Completate l'e-mail con i cinque verbi mancanti, scegliendo tra quelli elencati sotto.

aprire ◆ girare ◆ guardare ◆ chiudere ◆ andare ◆ stare ◆ fare ◆ cercare

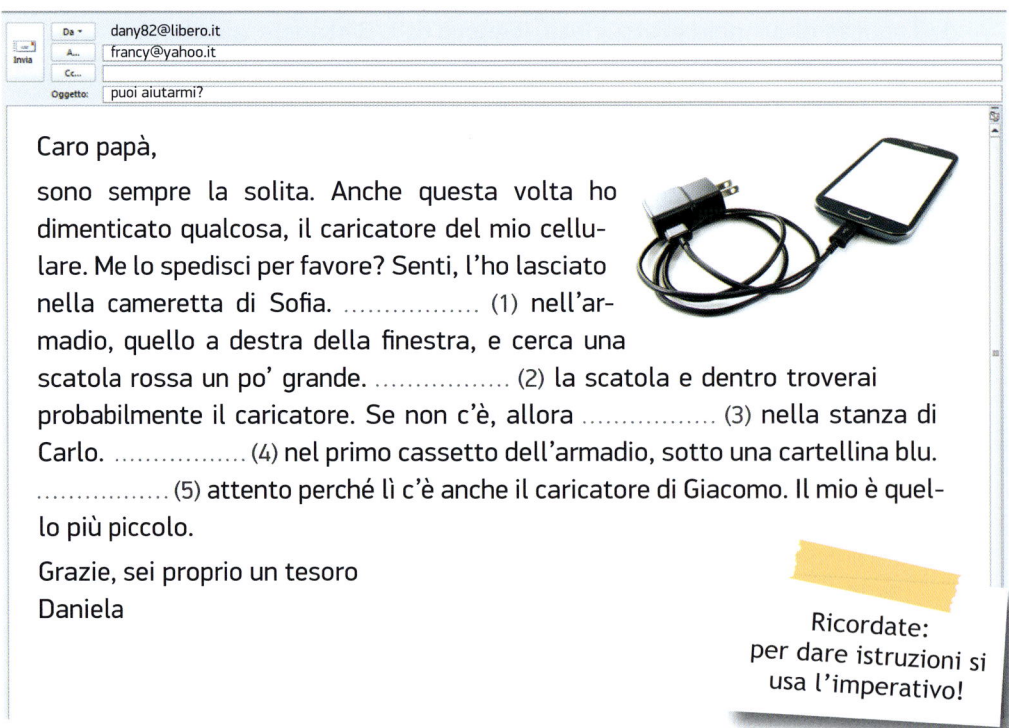

Da: dany82@libero.it
A: francy@yahoo.it
Cc:
Oggetto: puoi aiutarmi?

Caro papà,

sono sempre la solita. Anche questa volta ho dimenticato qualcosa, il caricatore del mio cellulare. Me lo spedisci per favore? Senti, l'ho lasciato nella cameretta di Sofia. .... (1) nell'armadio, quello a destra della finestra, e cerca una scatola rossa un po' grande. .... (2) la scatola e dentro troverai probabilmente il caricatore. Se non c'è, allora .... (3) nella stanza di Carlo. .... (4) nel primo cassetto dell'armadio, sotto una cartellina blu. .... (5) attento perché lì c'è anche il caricatore di Giacomo. Il mio è quello più piccolo.

Grazie, sei proprio un tesoro
Daniela

Ricordate: per dare istruzioni si usa l'imperativo!

Dare istruzioni e indicazioni — Unità 10

4 Completate il testo con i connettivi e gli avverbi mancanti.

Che giornataccia!
Oggi è stata una giornata stranissima. Mio marito ha perso le chiavi della macchina e abbiamo passato tutto il pomeriggio a cercarle. .... (1) abbiamo cercato nelle tasche dei pantaloni, ... (2) abbiamo controllato se per caso erano in macchina. Ma niente! .... (3) mia figlia è andata anche a casa di mio cognato Giorgio per vedere se mio marito aveva dimenticato le chiavi lì e ha cercato in tutti i cassetti della casa. Niente, le chiavi erano sparite! .... (4) abbiamo dovuto telefonare a sua madre, che ne aveva un secondo paio, e abbiamo scoperto che .... (5) le chiavi erano lì!

5 Vi siete iscritti in piscina e vi hanno dato il regolamento. Però alcune parole si sono cancellate. Ricostruite il testo insieme a un compagno.

Regolamento

1. Per iscriversi si deve portare il .... medico di un dermatologo e di un cardiologo.

2. Prima di entrare in piscina bisogna ....

3. Non è permesso camminare .... lungo i bordi della piscina.

4. Per nuotare nella piscina bisogna sempre ....

6 Completate il testo con la punteggiatura mancante, aggiungendo le maiuscole dove necessario.

Ragazzi, mi dite come posso registrarmi a skype?
Se hai una connessione internet sempre attiva puoi utilizzare il software skype per telefonare gratuitamente a chi vuoi per scaricare il programma vai sul sito web ufficiale http://www.skype.com/intl/it/ al centro della pagina internet clicca sul pulsante verde "scarica subito" e salva il file sul desktop terminato il download vai sul desktop clicca sul file "SkypeSetup.exe" e avvia l'installazione seguendo la procedura dopo bisogna cliccare sulla voce in blu "non hai un nome skype" per eseguire la registrazione nella schermata successiva inserisci il tuo nome un nome skype inventato e una password.

A cosa serve la punteggiatura? Serve a dare un senso alle frasi, a chiudere un discorso, a rendere una frase interrogativa o esclamativa.

✏ Scriviamo!

7 Un amico verrà a trovarvi nel vostro nuovo appartamento. Scrivetegli un'e-mail (80-100 parole) con le indicazioni necessarie per arrivare a casa vostra. Usate queste parole:

fermata della metropolitana ◆ destra ◆ prima strada ◆ bar ◆ sinistra ◆ edicola viale alberato ◆ 200 metri ◆ palazzo bianco alto ◆ campanello ◆ Baldini Giulio

Dare istruzioni e indicazioni — Unità 10

8 Cercate la ricetta della pizza Margherita su Internet. Poi scrivete un'e-mail (70-80 parole) a una vostra amica, in cui le spiegate in modo semplice come prepararla.

9 Siete dovuti uscire di casa molto presto per partire per un viaggio di lavoro e starete via due giorni. Lasciate un biglietto (40-50 parole) a vostra figlia Enza con delle indicazioni sulle cose da fare prima di uscire di casa. Usate anche queste parole:

il gas * l'antifurto * il cane * le finestre * la lavanderia * le chiavi * le luci * i pantaloni

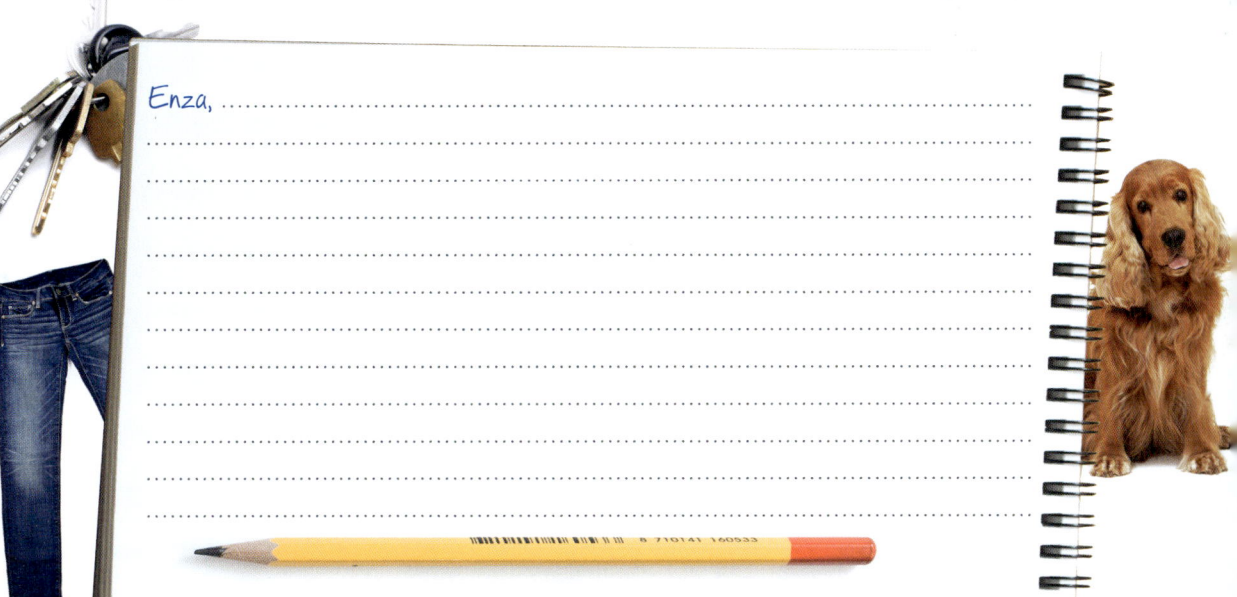

Enza,

Unità 11

Dare informazioni

🖋 Per iniziare!

> Immaginate di dover dare delle informazioni sulla scuola di italiano che state frequentando e su come iscriversi. Quale informazioni dareste? Parlatene con il vostro compagno e la classe.

1 A coppie. In questo testo sono state cancellate alcune parole chiave. Completate il testo insieme a un vostro compagno.

Come prenotare un biglietto .... (1) online.

Dall'apposita sezione del sito dell'agenzia, cercate il .... (2) che intendete compiere semplicemente indicando alcuni parametri, quali:

- città di .... (3) e di arrivo;
- data di partenza e di .... (4).
- ora di .... (5) e di ritorno;
- tipologia e numero dei .... (6) (adulti, bambini e neonati).
- tipo di .... (7) (sola andata, andata e ritorno o multiscalo);
- .... (8) (Economy, Business o Prima classe);
- eventuale preferenza per una .... (9) aerea specifica;
- opzione volo diretto (per non fare scali intermedi).

Alcuni siti permettono di abbinare anche la prenotazione dell' .... (10) oppure di usufruire dello sconto sul noleggio di un'auto per gli spostamenti nella città di destinazione.

da: www.migliorscelta.it

2 Abbinate le frasi della colonna di sinistra con quelle di destra.

1. Mi raccomando	a. ma non so indicarti nessun albergo.
2. Ti ringrazio	b. a darmi tutte queste informazioni.
3. Non puoi portare	c. il tabellone con gli orari delle partenze.
4. Ricordati però	d. alla stazione c'è l'ufficio informazioni.
5. Mi dispiace	e. che i negozi il lunedì pomeriggio sono chiusi.
6. Sei stato molto gentile	f. più di venti chili di peso.
7. Appena posso	g. devi mandare una e-mail all'albergo.
8. Stai tranquillo,	h. segui bene tutte le istruzioni.
9. Devi cercare	i. ti manderò tutte le informazioni.
10. Se vuoi prenotare	l. per le informazioni che mi hai dato.

EDILINGUA

Dare informazioni — Unità 11

3 Mettete in ordine queste informazioni utili per iscriversi all'università.

Iscriversi all'università

1 a. Per prima cosa bisogna essere in possesso di un titolo di scuola media superiore quinquennale, cioè il comunissimo diploma, o di un diploma di maturità.

..... b. Le date delle iscrizioni variano molto a seconda della facoltà prescelta. Per quelle umanistiche generalmente si va dalla fine di settembre fino all'inizio di novembre.

..... c. Con i moduli per l'iscrizione vi saranno consegnati anche i moduli per l'autocertificazione della condizione economica in base alla quale verrà determinata la somma delle tasse da pagare nell'arco dell'anno accademico.

..... d. Le iscrizioni per le facoltà scientifiche possono aprirsi anche a luglio e chiudersi a settembre.

..... e. Se siete interessati a qualche facoltà a numero chiuso o ad un'università privata è bene documentarsi fin dal mese di luglio circa le modalità e i tempi d'iscrizione poiché generalmente bisogna fare prima un test d'ammissione.

4 f. L'iscrizione avviene di fatto pagando la tassa d'iscrizione, che corrisponde alla prima rata.

..... g. Per iscriversi bisogna recarsi alla segreteria degli studenti dell'università prescelta e compilare il modulo di iscrizione.

adattato da: www.studenti.it

4 Ora, con parole vostre, scrivete al vostro amico Peter tutte le informazioni utili per iscriversi all'università in Italia.

Caro Peter,
ho preso le informazioni che mi avevi chiesto sull'iscrizione all'università.
Allora, prima di tutto ....
.... (1).
In segreteria ....
.... (2).
Dato che la tua è una facoltà umanistica ....
.... (3).
Al momento dell'iscrizione ....
.... (4).
Spero di esserti stato utile.
Ciao,
Alberto

5 Scrivete nel quaderno la stessa lettera al signor Gibson, il papà di Peter.

Gent. Signor Gibson,
ho preso le informazioni ....

6 A gruppi. In questo testo ci sono dieci errori di ortografia. Quale gruppo li troverà per primo?

1.	Cara Antonella, eccoti le informazioni che mi hai chiesto sull'albergo.	....
2.	L'albergo è semplicemente divino, pulito, ordinato con un assistenza che non ti abbandona mai.	....
3.	Tutto curato nei minimi particolari, il personale e gentilissimo e disponibile e pronto a risolvere ogni piccola problema.	....
4.	Noi eravamo al quatordicesimo piano, con una vista stupenda, il giardino con tre piscine era enorme e terminava sul mare con una spiaggia sabbiosa.	....
5.	In camera servivano frutta, champagne e 5 bottigle d'acqua al giorno.	....
6.	L'hotel si trova a Dubai Marina, un posto molto bello adiacente a una strada da passegio molto suggestiva e interessante.	....
7.	Ci ritornerei subito, abbiamo passato 3 giorni fantastici. Un esperienza indimenticabile.	....
8.	Ti aspetto presto, lo sai. Un caro saluto, Cristina	....

adattato da: www.tripadvisor.it

Dare informazioni — Unità 11

7 A coppie. In questo parolone ci sono dieci parole che servono per dare indicazioni stradali. Vediamo chi le trova prima!

medicostudiareongiraresndestrarrtomisinistraanmetripersemaforoleggerepartire drittocomonemetropolitanasenrimentifermataciccolaviadimenticoautobus

✎ Scriviamo!

8 Una vostra amica vuole venire a trovarvi, ma non sa se può portare il suo cane con sé in treno. Leggete il testo e poi, nella pagina seguente, scrivetele una lettera (60-80 parole) per darle le informazioni necessarie.

Il trasporto degli animali domestici da compagnia

Sui nostri treni è possibile viaggiare con il proprio animale.

In particolare, i cani di piccola taglia, i gatti ed altri piccoli animali domestici da compagnia (custoditi nell'apposito contenitore di dimensioni non superiori a 70x30x50) sono ammessi gratuitamente nella prima e nella seconda classe di tutte le categorie di treni. È ammesso un solo contenitore per ciascun viaggiatore. È inoltre permesso, per ogni viaggiatore, il trasporto di un cane di qualsiasi taglia, che deve avere museruola e guinzaglio.

In nessun caso gli animali ammessi nelle carrozze possono occupare posti destinati ai viaggiatori. Se disturbano altri viaggiatori, l'accompagnatore dell'animale insieme all'animale, su indicazione del personale del treno, deve cambiare posto o scendere dal treno.

Per tutti i cani è necessario avere il certificato di iscrizione all'anagrafe canina (o del "passaporto" del cane per i viaggiatori provenienti dall'estero), da mostrare al momento dell'acquisto del biglietto per l'animale, se è previsto, e durante il viaggio. Se trovati senza certificato a bordo del treno, si deve pagare una multa e si deve scendere alla prima fermata.

adattato da: www.trenitalia.com

Cara Giovanna,
che bello! Finalmente ti sei decisa a venire a trovarmi. Allora senti, mi sono informato,

9 Una vostra amica desidera iscriversi allo stesso corso di lingua che avete seguito voi l'anno scorso e vi chiede informazioni su:

- il costo
- la qualità
- la difficoltà
- l'orario di frequenza
- il tempo da dedicare allo studio.

Le rispondete con una lettera (80-100 parole) dandole tutte le informazioni richieste.

Unità 12

E ora scriviamo!

1 Compilate il questionario, che vi è stato dato all'ingresso di una sala cinematografica, sulle vostre preferenze relativamente al cinema.

Va spesso al cinema?

Nome .... Cognome ....

Indirizzo .... CAP e Città ....

Età .... E-mail ....

1. Lei va spesso al cinema?
   ....

2. Vorrebbe andare più spesso al cinema? Sì/No? Perché?
   ....

3. Cosa preferisce vedere? Quale genere di film?
   ....

4. Le piacerebbe vedere i film stranieri in lingua originale? Perché?
   ....

5. Ci sono dei film che Lei vuole vedere ma che non arrivano nelle sale cinematografiche della Sua città? Quali?
   ....

6. Quanto costa un biglietto del cinema nella Sua città?
   ....

7. Vede spesso film in DVD?
   ....

8. Preferisce vedere un film al cinema o a casa in DVD? E perché?
   ....

Grazie per aver contribuito alla nostra ricerca.

2 Rispondete all'e-mail di Barbara (60-80 parole).

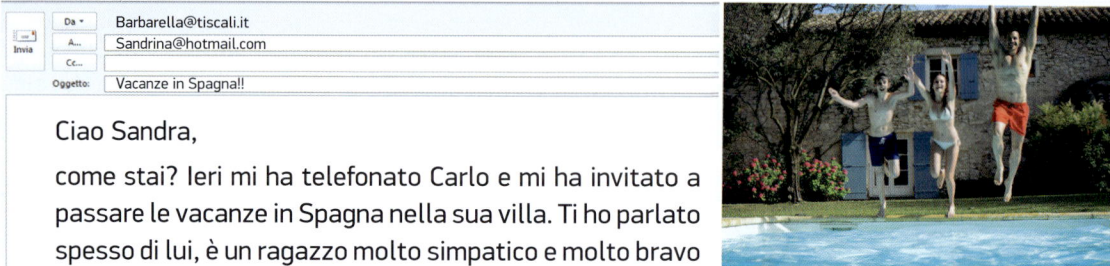

Da: Barbarella@tiscali.it
A: Sandrina@hotmail.com
Cc:
Oggetto: Vacanze in Spagna!!

Ciao Sandra,

come stai? Ieri mi ha telefonato Carlo e mi ha invitato a passare le vacanze in Spagna nella sua villa. Ti ho parlato spesso di lui, è un ragazzo molto simpatico e molto bravo e poi ha una casa bellissima con una splendida piscina.
Mi ha detto di portare un'amica e io naturalmente ho pensato a te. Che ne dici? Ti va di venirci?
Fammi sapere qualcosa al più presto, ma ti prego, rispondimi di sì!

A presto,
Barbara

Nella vostra e-mail dovete:
- domandare la località precisa e il periodo del viaggio,
- chiedere con quale mezzo partirete,
- informarvi sul costo del viaggio,
- infine, dire se accettate o meno l'invito.

3 Da un po' di mesi fate poco movimento e mangiate molto, così siete ingrassati di quattro chili e non riuscite a perderli. Scrivete una lettera (60-80 parole) a un'amica dietologa in cui le chiedete alcuni consigli per ritrovare la vostra forma.

E ora scriviamo! — Unità 12

4 Un vostro amico vi invita a partire con lui per un viaggio a Barcellona e vi manda questa locandina.

Weekend a Barcellona! La bellissima città catalana è tra le più attive nell'organizzazione di eventi e festival dedicati soprattutto alla musica. La 34ª edizione del Festival del Grec si svolge tra il 13 giugno e il 1° agosto nei principali teatri della città, tra cui il Teatre Grec da cui prende il nome il festival, e offre spettacoli di musica, performance di ballo e recite teatrali. Imperdibile anche uno degli spettacoli di flamenco del Festival de Cajòn che si terranno al Palau de la Mùsica Catalana e al Grand Teatre de Liceu.

Rispondete al vostro amico con una lettera (80-100 parole) in cui:

- dite che partirete senz'altro con lui,
- non siete d'accordo sulla scelta di Barcellona e spiegate perché,
- indicate il programma di viaggio che preferite fare.

5 A. Siete stati in Italia a seguire un corso di vacanza-studio nella città di Urbino. Alla fine del corso vi chiedono di scrivere una breve relazione (80-100 parole) su questa vostra esperienza.

B. Scrivete la stessa relazione, sotto forma di lettera (80-100 parole), da spedire al vostro professore di italiano che vi ha consigliato questa scuola.

C. Scrivete la stessa lettera (80-100 parole) a un amico.

6 Parteciperete a un corso estivo di italiano e volete raccogliere un po' di soldi. Scrivete un annuncio online (30-40 parole) per vendere alcuni oggetti.

7 Una vostra amica vi manda urgentemente un'e-mail. Deve invitare a cena il suo direttore con la moglie, ma non sa cosa cucinare. Dato che voi sapete cucinare molto bene, vi prega di darle un consiglio e di mandarle la vostra ricetta preferita (80-100 parole).

E ora scriviamo! Unità 12

8 Oggi è stata una giornata veramente difficile. Tornati a casa sentite il bisogno di sfogarvi e così raccontate (80-100 parole) la vostra giornata al vostro diario.

*Caro diario,
oggi è stata proprio una brutta giornata!* ....

9 Scrivete un commento (30-40 parole) a questo blog.

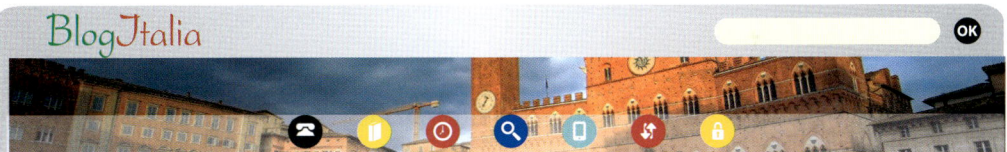

Tra le tante letture che faccio, di recente mi sono imbattuto negli ormai rinomati eBook. Li ho sempre snobbati, l'odore del libro mi affascina molto, così da non essermi mai interessato particolarmente a questa novità.
Poi, un po' per curiosità un po' per necessità, cercando cercando ho trovato "Fare Soldi Online in 7 Giorni" della BrunoEditore.
A parte l'odore della carta, ho avuto una bella impressione, una lettura scorrevole, comprensibile, esplicativa e diretta all'obiettivo, che ti invoglia a tentare la strada del successo. Chi ne fosse interessato trova il link sotto:
http://www.autostima.net/shopping/prodotto

Invia un commento

A. Leggete il racconto di viaggio che Alberto ha scritto sul forum "Irlandando.it".

Viaggio organizzato

L'anno scorso, quando stavamo organizzando il viaggio, siamo andati in un'agenzia turistica per prendere informazioni... Ci hanno proposto un viaggio organizzato... dovevamo prenotare tutto, bed&breakfast compresi, perché sicuramente in agosto avremmo trovato tutto pieno e ci saremmo trovati malissimo... poi dovevamo fare un'assicurazione in caso di malattia... il casco per la macchina perché in Irlanda guidano come pazzi... e tutta una serie di cose che non abbiamo fatto. A sentir loro doveva capitarci di tutto...

Al contrario, ci siamo prenotati il volo e l'automobile su internet sfruttando una promozione di Expedia (ma ce ne sono anche di più economici in giro...). Siamo arrivati a Dublino nel pomeriggio senza uno straccio di posto dove andare, abbiamo deciso di sistemarci in un paesino appena fuori città, abbiamo puntato il dito sulla cartina (quella sì che è importante così come una buona guida) ed è venuto fuori Sword, a 20 minuti dal centro... lì c'era l'imbarazzo della scelta in fatto di bed&breakfast... e così per tutta la vacanza... alla faccia loro...

Alberto

da: www.forum.irlandando.it

B. Scrivete un'e-mail (60-80 parole) ad un vostro amico, in cui raccontate l'esperienza di Alberto.

A... Sandro275@tin.itSandrina@hotmail.com
Oggetto: viaggi organizzati

Ciao Sandro,
a proposito di viaggi organizzati, ti racconto l'esperienza di Alberto.

Lettera di scuse e di reclamo

Unità 13

🖋 Per iniziare!

> Avete mai scritto una lettera di reclamo? Parlatene ai vostri compagni e alla classe.

1 Leggete questa lettera e rispondete alle domande.

> Spettabile Agenzia Vacanze Tour
>
> Gentili signori,
> nel mese di aprile ho comprato un pacchetto turistico tutto compreso presso la Vostra agenzia Vacanze Tour di Milano con destinazione Venezia per il periodo dal 12 al 17 agosto per due persone (io e mia moglie).
> In particolare il pacchetto comprendeva:
> - pernottamento 5 notti presso albergo 4 stelle sul Canal Grande e vicino a Piazza San Marco (dotato di aria condizionata, connessione internet wifi, frigobar, televisore),
> - mezza pensione (colazione e cena in hotel),
> - visita guidata alla città,
> - ingresso gratuito in 2 musei,
> - pacchetto per corse gratuite in vaporetto.
>
> Al nostro arrivo a Venezia ci hanno subito comunicato che, per motivi logistici, dovevamo trasferirci in un altro albergo, che si trovava però nell'interno, lontano sia dal Canal Grande che da Piazza San Marco. Non solo, nell'albergo non c'era il servizio ristorante. Inoltre, e questo è stato il disagio più grande, la nostra stanza non era dotata di condizionatore d'aria e col caldo di Venezia è stato veramente terribile. Infine, la tessera per le corse gratuite in vaporetto ci è stata consegnata solo il terzo giorno, così per due giorni abbiamo dovuto pagare noi i biglietti, che sono carissimi. Pertanto desidero comunicarVi che per tutti questi disservizi causati dalla Vostra mancanza di organizzazione ho intenzione di richiedere un risarcimento di 600 euro. Sperando di poterci mettere d'accordo senza ricorrere al tribunale, Vi invio
>
> Distinti saluti,
> Antonio Faroldi

a. Qual è lo scopo di questa lettera?
....

b. Di cosa si lamenta in questa lettera Antonio Faroldi?
....

c. Qual è stato per lui il problema più grande?
....

2 Abbinate i paragrafi iniziali di quattro differenti lettere con i corrispondenti paragrafi finali.

1. Sono veramente desolato per non essere riuscito ad arrivare in tempo all'incontro.

2. Che peccato! Mi dispiace davvero di non essere arrivato in tempo all'appuntamento.

3. Sono veramente desolato di essere stato costretto ad annullare questo nostro primo appuntamento.

4. Accidenti! Non ce l'ho fatta a venire all'appuntamento.

a. Spero che in futuro possano esserci altre occasioni per incontrarci. Cordiali saluti.

b. Quando fissiamo il prossimo appuntamento per vederci un po'? Aspetto notizie, ciao

c. Mi auguro di poterla conoscere in qualche altra occasione. Distinti saluti.

d. La prossima volta farò di tutto per essere puntuale. A presto.

1. ...., 2. ...., 3. ...., 4. ....

3 Abbinate le frasi della colonna di sinistra con quelle della colonna di destra, come nell'esempio.

Lettera:
1. di reclamo
2. di scuse
3. di richiesta di informazioni
4. di richiesta di consigli
5. per dare consigli
6. per dare informazioni
7. di invito
8. di richiesta di aiuto
9. di ringraziamento
10. di offerta di aiuto

a. Secondo me faresti meglio a.....
b. Sono spiacente per quello che.....
c. Mi farebbe molto piacere se....
d. Sarebbe così gentile da inviarmi....
e. Ti sono veramente grato per....
f. In risposta alla sua richiesta...
g. Come ben sa, sarò lieto di.....
h. Mi dispiace ma mi devo lamentare.....
i. Mi sarebbe molto utile se.....
l. Sarebbe così gentile da....

4 Sostituite le parole in neretto con un sinonimo.

Al nostro arrivo a Venezia ci hanno **subito**/........................ (1) comunicato che dovevamo trasferirci in un altro albergo. **Oltre a questo**/........................ (2) la nostra stanza non era dotata di condizionatore d'aria. **Poi**/........................ (3) la tessera per le corse gratuite in vaporetto ci è stata consegnata solo il terzo giorno, **così**/........................ (4) per due giorni abbiamo dovuto pagare noi i biglietti.

Lettera di scuse e di reclamo — Unità 13

5 Mettete in ordine i paragrafi di questa lettera.

1 a. Gentili signori, sono stato ospite del vostro albergo dal 15 al 26 aprile ma le mie impressioni su questo soggiorno sono tutt'altro che buone.

..... b. Mi dispiace ma devo lamentarmi del servizio offerto sia per quanto riguarda la pulizia in camera

..... c. mi è stato risposto che dovevo pagare un extra.

..... d. Infatti, la qualità del cibo era scadente, come pure il caffè,

..... e. A dire il vero mi stupisco che il vostro albergo figuri nelle migliori guide turistiche

..... f. che per quanto riguarda il servizio colazione.

..... g. e alla mia richiesta di poter avere un altro tipo di caffè

..... h. Rimango a vostra disposizione per qualsiasi chiarimento.

..... i. e sento il dovere di informarVi che scriverò anche a queste per far pubblicare la mia lamentela.

Distinti saluti,
Dott. Giuseppe Torillo

6 A coppie. Inserite nella tabella le espressioni corrispondenti alla forma formale o informale.

> Mi dispiace dirti ◆ Mi congratulo con Lei ◆ Sono felice per te
> Secondo me, faresti meglio a ◆ Sono spiacente di comunicarLe
> A mio parere sarebbe meglio se Lei ◆ È un vero peccato che
> Personalmente, Le consiglio di ◆ Dai, vedrai che ◆ Che peccato!
> Sono veramente desolato per ◆ Secondo me, ti conviene sicuramente

Formale	Informale

Scriviamo insieme! 2

Scriviamo!

7 Siete appena tornati da un viaggio con i vostri amici e decidete di scrivere un'e-mail (90-100 parole) all'agenzia di viaggi dove avevate prenotato per lamentarvi del fatto che molte cose promesse nel pacchetto turistico che avete comprato non sono state mantenute.

Nell'e-mail:
- indicate il tipo di pacchetto-vacanze comprato,
- spiegate in dettaglio i motivi del vostro reclamo,
- chiedete un rimborso.

8 Per un imprevisto non siete potuti andare ad un incontro fissato dal nuovo direttore della vostra compagnia. Gli scrivete perciò un'e-mail (80-100 parole) per scusarvi.

Nel messaggio:
- vi scusate con lui,
- spiegate perché non siete potuti andare all'incontro,
- fate capire che vi piacerebbe avere un'altra opportunità.

9 Avete fatto un acquisto on-line, una macchina da caffè. Purtroppo però non riuscite mai a fare il caffè con la cremina. Scrivete quindi un'e-mail (80-100 parole) alla ditta dove avete comprato l'oggetto per:

- dire quale oggetto avete comprato e dove,
- spiegare qual è il problema con la macchinetta,
- chiedere una soluzione al problema.

Unità 14

Lettere varie

Per iniziare!

> Come comunicate per iscritto con i vostri amici? Parlatene con i vostri compagni.

1 A. Leggete attentamente l'e-mail e svolgete l'attività che segue.

Da: marisella@gmail.com
A: StefyRossi@hotmail.com
Cc:
Oggetto: Vacanze in Corsica!

Cara Stefania,
come stai? Scusa il mio silenzio ma sono stata impegnatissima. Ti scrivo subito la mia pazza idea. Perché non andiamo a passare le vacanze in Corsica? Ho trovato lì due belle occasioni, sotto vedrai le foto. Sono due appartamenti di 2 vani in residence ed entrambi vanno bene per 2-4 persone. Inoltre, c'è anche la piscina comune. Siccome ci stanno quattro persone potremmo dividere la spesa con Giuliana e Rossella. Ti ricordi? Sono quelle mie compagne di università che hai conosciuto quando sei venuta a Milano. Anche loro sarebbero d'accordo. Che ne dici? È da tempo che non facciamo delle belle vacanze e questa mi sembra un'ottima occasione. Ti mando entrambi gli annunci che ho trovato su Internet, così mi dici cosa ne pensi. Dai, rispondimi di sì! Aspetto tue notizie.
Baci, Marisa

Tariffa: da 400€ a 900€ /settimana
Spiaggia: 50 m
Casa vacanze consigliata dagli affittuari precedenti

Tariffa: da 300€ a 695€ /settimana
Spiaggia: 500 m
Si accettano weekend e soggiorni di breve durata

Qual è lo scopo di questa lettera? Sono possibili più risposte.

a. ☐ chiedere informazioni   b. ☐ invitare qualcuno   c. ☐ fare una proposta

d. ☐ lamentarsi per qualcosa   e. ☐ dare informazioni   f. ☐ chiedere aiuto

Scriviamo insieme! 2

B. A coppie. Scambiatevi dei bigliettini col vostro compagno in cui scrivete quale delle due soluzioni preferireste e perché.

2 Abbinate le frasi della colonna di sinistra con quelle della colonna di destra.

1. Per iniziare la lettera
2. Per dare informazioni su di sé
3. Per dare informazioni su qualcosa
4. Per invitare qualcuno
5. Per ricordare qualcosa
6. Per chiudere la lettera

a. Perché non vieni con me in vacanza in Corsica?
b. Cara Stefania, come stai?
c. Aspetto tue notizie. Baci
d. Scusa il mio silenzio ma sono stata impegnatissima.
e. Sono due appartamenti di 2 vani in residence ed entrambi vanno bene per 2-4 persone. Inoltre c'è anche la piscina comune.
f. Ti ricordi? Sono quelle mie compagne di università che hai conosciuto quando sei venuta a Milano.

3 Sostituite l'aggettivo bello con uno degli aggettivi indicati sotto, nella forma corretta.

1. Ti consiglio di leggere i libri di Hosseini, sono molto belli/.................................
2. Ieri sono uscita con Giorgio e ho passato una bella/................................. serata.
3. Per il tuo matrimonio ho comprato un vestito molto bello/.................................
4. In Sardegna abbiamo passato delle vacanze veramente belle/.................................!
5. Hai conosciuto il mio dentista? È un uomo veramente bello/.................................
6. Francesca ha conquistato tutti col suo bel/................................. sorriso.
7. La storia del cane che ha salvato il bambino è molto bella/.................................
8. La sua casa mi piace molto, è molto bella/.................................

interessante   incantevole   commovente   magnifico
attraente   elegante   accogliente   piacevole

Lettere varie — Unità 14

4 Scegliete la formula di risposta più adatta a questo messaggio.

> Marisa,
> ho letto la tua proposta per le vacanze. Sono d'accordo con te, è proprio una bella occasione!
> Quando partiamo?
> Aspetto tue notizie.
> Tua, Stefania

a. Accidenti! Sono proprio contenta.

b. Che bello! Ci speravo tanto che dicessi di sì!

c. Che fortuna! È veramente una bella occasione.

5 Completate la lettera di risposta con i connettivi mancanti, scegliendo tra quelli proposti. Attenzione: ce ne sono due in più.

dunque ◆ inoltre ◆ così ◆ addirittura ◆ però ◆ invece ◆ perché ◆ anzi

Cara Marisa,
che bello ricevere tue notizie! A dire il vero ero un po' in pensiero, ... (1) non mi scrivi e non mi chiami da più di un mese. .... (2) ho saputo da alcuni amici che sei stata poco bene. Ora come stai? Sono molto contenta del tuo invito! Naturalmente sono d'accordo con la tua proposta, ... (3) ho qualche dubbio sulle tue amiche. Sei sicura che in vacanza andremo d'accordo? Sai, stare tutto il giorno nella stessa casa non è facile, ... (4) direi che è proprio difficile. Io, in fondo, le ho viste solo una volta a casa tua e per poche ore. .... (5) penso che sarebbe bello dirlo alle tue cugine, sono così simpatiche! Telefonami, ... (6) ne parliamo a voce.

Un abbraccio,
Stefania

6 Abbinate le frasi della colonna di sinistra con quelle della colonna di destra.

1. Che ne dici di andare in vacanza insieme?
2. Ci sono rimasta molto male per quello che hai detto.
3. Potresti farmi sapere quando iniziano i corsi?
4. Ho saputo che la tua richiesta è stata accettata.
5. Potresti aiutarmi a fare questa traduzione?

a. Ti chiedo scusa, non volevo offenderti.
b. Certo, mi informo subito.
c. Naturalmente. Verrò stasera a casa tua.
d. Che bella idea!
e. Ti ringrazio tanto dell'informazione.

Scriviamo insieme! 2

7 Trasformate la lettera da informale a formale.

Caro Giovanni,
ti chiedo scusa per ieri sera ma, credimi, non mi è stato proprio possibile venire a cena a casa tua perché sono dovuto correre all'ospedale dato che avevano ricoverato mia zia. Inoltre, il giorno prima avevo perso il cellulare e così non ho potuto neanche telefonarti per avvisarti per tempo.
Spero di non averti offeso e di poterti incontrare un'altra volta.
Un abbraccio,
Nicola

Gent. sig. Gilberti,
....
....
....
....
....

Scriviamo!

8 Vostra nipote Luisa, che vive in Australia, vi ha spedito un invito per il suo matrimonio, ma per voi sarà impossibile affrontare questo viaggio. Le inviate perciò una lettera (80-100 parole) in cui:

- vi congratulate con lei,
- spiegate i motivi per cui non potrete essere presenti al matrimonio,
- la invitate a passare le vacanze a casa vostra insieme al marito.

9 A. La vostra amica Annalisa si è appena laureata in Medicina. Le mandate così un regalo accompagnato da un biglietto (60-80 parole) in cui vi congratulate con lei.

....
....
....
....
....
....

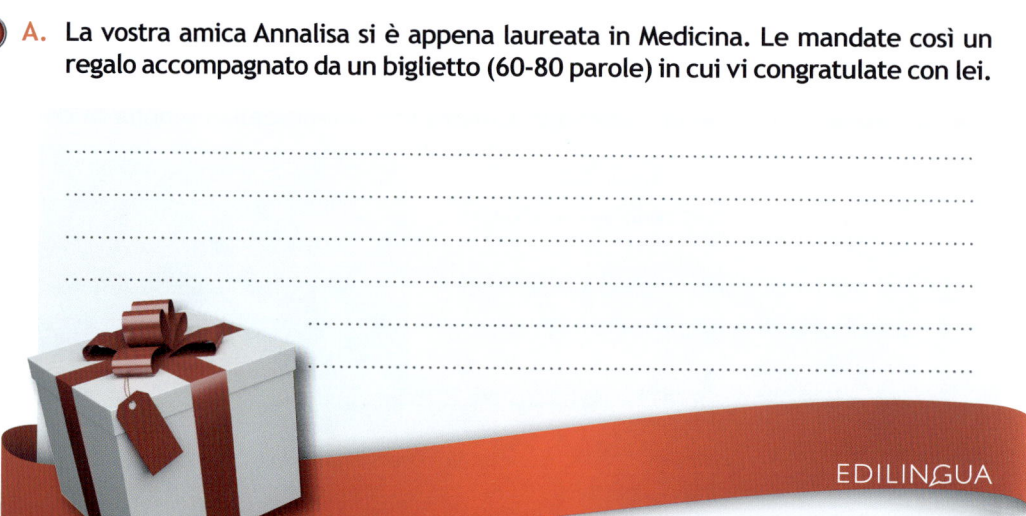

Lettere varie — Unità 14

B. Scrivete lo stesso biglietto (60-80 parole):

- alla signora Clara, mamma di Annalisa;

- alla vostra vicina di casa, che conoscete da poco, e vi ha invitato alla festa per la sua laurea.

10 A causa della crisi economica siete costretti a lasciare il vostro Paese per andare a vivere in Italia. Scrivete (160-180 parole) perciò ad un vostro caro amico per spiegargli la situazione e chiedergli aiuto. I primi tempi avrete bisogno di essere ospitati ed avrete anche bisogno di aiuto per trovare un lavoro.

11 Per le prossime vacanze avete pensato di organizzare un viaggio insieme ad alcuni amici. Scrivete perciò un'e-mail (160-180 parole) ad un amico italiano per invitarlo a unirsi a voi.

12 **A.** Uscendo dal garage avete inavvertitamente urtato la macchina del vicino di casa e rotto il suo specchietto.
Lasciate un biglietto (60-80 parole) sulla macchina, in cui vi scusate e spiegate come rimediare a questo fatto.

B. Lasciate lo stesso biglietto (60-80 parole):

- al vostro vicino e amico Luigi;

- al vostro vicino, il dottor Pizzolato.

Lettera a un forum

Per iniziare!

> Quanto spesso scrivete in un forum? E di che tipo di forum si tratta?
> Parlatene con la classe.

1 Leggete il testo di questo messaggio a un forum e scegliete l'affermazione giusta.

Laurea in Lingue... conviene o no?

Salve! Vorrei capire da qualcuno già laureato o che studia Lingue, quali prospettive di lavoro realmente ci sono e quali lingue converrebbe studiare! Spesso leggo di commenti che dicono che questa laurea non serve a nulla, che è meglio andare sul posto e imparare, che è molto meglio affiancarla ad altre lauree... però contemporaneamente ci dicono che le lingue sono importanti!
Io sarei interessata ad inglese, russo e tedesco... Sono richieste sul mercato? Escludendo cinese e giapponese che non sono attive nella mia università, quali altre lingue mi consigliereste?
Anche l'insegnamento all'estero non mi dispiacerebbe, ma quanto è fruibile, spendibile e complicato entrarci?
Quello che mi spaventa di questa laurea è il fatto che molti siano rimasti scontenti, perché dal punto di vista del lavoro offre poco! Credo, però, che dipenda dalle lingue scelte, no? Ho letto commenti discordanti a proposito... c'è chi ha trovato lavoro e pure subito, c'è chi invece è ancora disoccupato!
Insomma, non vorrei sprecare soldi e tempo, anche se le lingue mi permetterebbero di aprire i miei orizzonti e credo soddisferebbero i miei desideri.

Antonella

da: www.forum.alfemminile.com

1. Relativamente alla Facoltà di Lingue Straniere, Antonella
   a. pensa di iscriversi a questo corso.
   b. è indecisa se iscriversi o meno.
   c. ritiene che non conviene iscriversi.

2. Secondo Antonella studiare le lingue serve
   a. ad avere una mentalità più aperta.
   b. a trovare lavoro anche all'estero.
   c. ad avere l'opportunità di viaggiare.

2 Riscrivete sotto forma di lettera il messaggio dell'attività 1, indirizzandola al vostro professore del liceo a cui chiedete un consiglio.

Gent. Prof. Carlotti,
....
....
....
....
....

Prima di scrivere riflettete:
A chi è indirizzata la lettera?
Qual è lo stile da usare?
Come iniziare la lettera?
Qual è la formula di chiusura?

3 Mettete in ordine i paragrafi del seguente testo.

1	a.	Ciao amici! Ho scelto di andare a Bologna
.....	b.	sia migliore per il mondo del lavoro oggigiorno e sia più richiesta?!
.....	c.	avete informazioni utili, mi piacerebbe condividerle con voi!
.....	d.	Vorrei avere un consiglio: quale lingua orientale tra persiano, arabo, cinese e giapponese pensate
.....	e.	e iscrivermi al corso di Lingue, culture e mercati dell'Asia.
.....	f.	Grazie mille in anticipo per l'attenzione. Un bacio a tutti!!!!
.....	g.	Se avete conoscenza del corso o, se praticate queste lingue,

4 Completate le frasi mettendo il verbo *iscriversi* al tempo giusto.

1. A settembre (io) .... al primo anno della Facoltà di lingue straniere.
2. Tu cosa dici? Se fossi al mio posto .... a questo corso di laurea?
3. Certo che se .... a questo corso di laurea i miei genitori sarebbero molto felici!
4. Facciamo così, se tu e tua sorella vi iscrivete a questo corso di laurea, allora subito dopo .... anch'io.
5. Se avessi saputo che gli esami erano così difficili non .... a questo corso di laurea.

Lettera a un forum — Unità 15

5 Riformulate le frasi usando uno dei seguenti connettivi, aggiungendo altri elementi se necessario, come nell'esempio.

di conseguenza ◆ comunque ◆ *per* ◆ tuttavia ◆ affinché
anche se ◆ invece ◆ infatti ◆ dato che ◆ anzi

1. Sono andata a trovarla dalla sua amica.
   Volevo convincerla a tornare a casa.
   Sono andata a trovarla dalla sua amica per convincerla a tornare a casa.

2. Mi hanno pregato di non dirgli niente.
   Lui doveva decidere da solo.
   ....

3. Ieri sono uscita con gli amici di Sandro.
   Gli amici di Sandro non mi sono simpatici.
   ....

4. Siamo andati in vacanza in un albergo di lusso.
   In vacanza abbiamo speso molti soldi.
   ....

5. Giuliana è sempre stata una ragazza studiosa.
   Giuliana si è laureata con il massimo dei voti.
   ....

6. Ho invitato Sandra a passare le vacanze da noi.
   Tu avevi rifiutato il nostro invito.
   ....

7. Mirella tempo fa ha avuto un brutto incidente con la macchina.
   Mirella ha ripreso subito a guidare.
   ....

8. Dicono tutti che Francesco sia una persona scontrosa.
   Secondo me è una persona molto cordiale.
   ....

9. Non mi sono assolutamente offesa per quello che mi ha detto tuo figlio.
   Mi sono divertita con quello che mi ha detto.
   ....

10. Sandro è stato veramente molto scortese con me.
    Ho deciso di perdonare Sandro.
    ....

Scriviamo!

6 Rispondete a questi annunci sul forum.

A. (80-100 parole)

Ciao a tutti! Ho scoperto che su Facebook c'è la possibilità di seguire gratuitamente un corso di inglese. Ecco il sito:
https://www.facebook.com/aneis.netanel?ref=tn_tnmn
Bello! Che ne dite? Qualcuno ha già fatto questa esperienza? Secondo voi si può imparare qualcosa? Beh, fatemi sapere cosa ne pensate.

B. (120-160 parole)

Salve!
Piccola provocazione: cosa ne pensate dei casalinghi? (sì, proprio l'uomo casalingo: l'uomo che non lavora ma che mette in ordine casa, cucina, lava, stira, ecc.).
Vedo tante donne che parlano di parità dei diritti tra uomo e donna ma che poi reputano accettabile il ruolo di casalinga solo per le donne.
Allora io mi dico, per coerenza: se una donna crede fermamente nella parità tra uomo e donna e se allo stesso tempo reputa che fare la casalinga mentre il marito porta a casa la pagnotta sia giusto... beh, per coerenza, dovrebbe concepire anche l'inverso, ovvero: la donna lavora e porta a casa la pagnotta e l'uomo fa tutti i lavori domestici, da perfetto casalingo.
Quindi donne, cosa ne pensate?

C. (120-160 parole)

Amici, su un altro forum ho trovato questo messaggio.
"Ciao, sono una ragazza di 33 anni, amo andare al cinema, leggere, ma soprattutto viaggiare, cerco amiche della mia età con le quali organizzare delle uscite e, perché no, dei viaggi... A presto!"
A essere sincera, vorrei rispondere perché anch'io sono molto sola ma, d'altra parte, sono un po' indecisa. Cosa dite? C'è da fidarsi? Aspetto i vostri consigli!

D. (120-160 parole)

Salve a tutti! Ho bisogno di un piccolo consiglio. Ma secondo voi a 35 anni è troppo tardi per iscriversi a Medicina o almeno a Farmacia? È sempre stato il mio sogno ma... che ne so... sono troppo vecchio secondo voi?

Unità 16 — Pro e contro

Per iniziare!

Pro e contro l'uso della rete. Cosa ne pensate voi? Parlatene con i vostri compagni.

1 Leggete i seguenti testi e svolgete l'attività che segue.

A — Pro

Internet oggi è il metodo di comunicazione e informazione più utilizzato nel mondo; senza di esso molta gente svolgerebbe una vita meno comoda. Infatti Internet è come una grande rete dove gli utenti, grazie alle pagine web, possono condividere qualsiasi cosa vogliano, dai fatti storici ai loro pensieri: insomma, qualsiasi cosa gli passi per la testa. Esistono oltre ai normali siti web, i blog, le enciclopedie ma anche siti "speciali" dov'è possibile giocare o vedere video. Ma non dimentichiamoci dei social network, i portali più utilizzati oggi nel mondo. Facebook, Twitter e Google Plus ne sono un esempio. Secondo me, al giorno d'oggi, Internet è una risorsa indispensabile. È decisamente più semplice studiare, lavorare e compiere tante altre azioni con il computer.

B — Contro

Apparentemente il mondo di Internet si presenta utile, comodo e sicuro; viene quasi da dirsi: "Che c'è di male?". Purtroppo, anche se la maggior parte delle volte non si corrono pericoli navigando, non sempre da parte delle autorità è possibile controllare la legalità su Internet. Proprio per questo è importante prevenire i malintenzionati come hacker, che inviano virus, molestatori online e cyber-bulli. Con Internet infatti è più facile adescare le prede, tramite le chat e non solo; purtroppo oggi un sacco di gente cade in queste trappole. È necessario quindi, secondo gli esperti, fare un moderato uso del computer e cercare di non cadere nelle trappole, come non accettare l'amicizia dagli sconosciuti sui social network, non navigare in siti non sicuri, ecc.

adattato da: www.ilquotidianoinclasse.ilsole24ore.com

Con quale testo vi trovate più d'accordo? Spiegate brevemente perché.

Personalmente mi trovo d'accordo con quanto scritto nel testo A/B perché ....
....
....
....
....

Scriviamo insieme! 2

2 Prepariamo insieme una scaletta, come guida per la produzione scritta, sull'argomento dell'attività 1.

A. Osservate l'esempio. Pensate ai vantaggi e agli svantaggi dell'uso di Internet e completate la tabella.

Uso del cellulare	
Vantaggi	Svantaggi
👍 Le persone sono sempre reperibili	👎 Ci possono trovare ovunque
👍 I genitori sono meno ansiosi e possono controllare meglio i figli	👎 I ragazzi sono cellulare-dipendenti
👍 È utile in caso di necessità	👎 Molti ormai comunicano solo con sms
👍 I cellulari offrono molte altre possibilità	👎 I cellulari sono sempre più complicati

Uso di Internet	
Vantaggi	Svantaggi
👍	👎 ....
👍	👎 ....
👍	👎 ....
👍	👎 ....

B. Leggete questo esempio di scaletta, poi preparate la vostra sull'uso di Internet.

Introduzione, due righe per iniziare e introdurre l'argomento:
Negli ultimi vent'anni, nella nostra vita quotidiana è apparso un piccolo oggetto che ha costituito una vera e propria rivoluzione: il cellulare.

Parte centrale, dopo aver raccolto le idee sui vantaggi e gli svantaggi dell'uso del cellulare, scegliete se parlare di entrambi o se concentrarvi su un solo aspetto:
I vantaggi del cellulare sono...
Ci sono però anche molti svantaggi...

Conclusione, due righe per concludere l'argomento:
Per concludere, possiamo dire che oggi il cellulare fa parte della nostra vita e non potremmo più farne a meno.

Pro e contro — Unità 16

3 Utilizzando la scaletta che avete preparato, scrivete un articolo (160-180 parole) sull'argomento dell'attività 1, da pubblicare sul giornale della vostra scuola.

4 Abbinate le frasi della colonna di sinistra con quelle della colonna di destra, come nell'esempio.

1. Secondo me/A mio parere
2. Penso che
3. Spero che
4. Suppongo che
5. Da quello che so
6. Mi permetto di
7. Sono d'accordo

a. la tecnologia abbia fatto passi da gigante.
b. Internet può nascondere dei pericoli.
c. tu abbia riflettuto bene su tutto questo.
d. con quanto avete appena detto.
e. dire la mia opinione su questo tema.
f. il problema andrebbe studiato a fondo.
g. abbiano entrambi ragione.

5 Leggete i seguenti testi e sottolineate la parola corretta tra quelle date.

Lavorare all'estero o lavorare in Italia

Buongiorno a tutti,
mi chiamo Marco e lavoro a Berlino in ambito risorse umane.
Da tempo ho iniziato a fare sondaggi/inchieste (1) su quello che è il pensiero degli italiani che sono alla domanda/ricerca (2) di lavoro. Quello che mi ha particolarmente colpito è che ci sono parecchie figure professionali/lavorative (3) molto qualificate che si accontentano di quel poco che trovano (molte volte anche sottopagato) per spavento/paura (4) di espandere i propri orizzonti e fare "il grande passo".
Voi cosa ne pensate? Avete mai fatto o fareste mai un'esperienza/un esperimento (5) all'estero, sapendo che gli ambienti di lavoro sono giovani e vitali/vivaci (6) e la paga è di circa 1/3 più alta relativa/rispetto (7) agli standard italiani?

Ciao! Io ho 24 anni. Tu dici che molti si "accontentano" ma hai mai letto degli annunci/delle informazioni (8) di lavoro? Si cercano giovani e con esperienza. Un giovane come me che ha voglia di fare e di rimboccarsi le maniche, che si trasferirebbe in capo al mondo solo per avere un'occasione/un caso (9) di lavoro, viene scartato solo perché non ha maturato esperienza. Nessuno oggi ti dà la possibilità di farlo. Se dove sei tu ci sono molte probabilità/opportunità (10) contattami, io sarei disposta a trasferirmi per avere una stabilità/fissazione (11) economica.

adattato da: www.ilquotidianoinclasse.ilsole24ore.com

6 Dividetevi in due gruppi:
- gruppo A a favore dell'estero,
- gruppo B a favore dell'Italia

e svolgete la seguente attività:

In ogni gruppo uno studente prende un foglietto e scrive una frase relativamente a questo tema: *Stare in Italia o cercare lavoro all'estero*? Dopo piega il foglietto e lo passa a un compagno del suo gruppo che scriverà un'altra frase e che a sua volta piegherà il foglietto e lo passerà ad un altro compagno, e così via. Alla fine l'insegnante leggerà a voce alta il contenuto dei messaggi dei due gruppi. Vince il gruppo che avrà scritto la produzione migliore.

Scriviamo!

7 Rispondete nel quaderno (160-180 parole) a questo messaggio che avete trovato sul forum della rivista *Salute*, esprimendo la vostra opinione.

> È da tanto tempo che desidero smettere di fumare, ma non ci riesco. Alcuni amici hanno cominciato a usare la sigaretta elettronica e dicono che funziona. Io sono un po' indecisa, dato che sento molti che sono contro. Voi cosa ne pensate? Avete avuto qualche esperienza con questo tipo di sigaretta? Aspetto un consiglio.
> Grazie, Sara

8 Sul forum della rivista *Tra noi* avete trovato questo messaggio e decidete di rispondere (160-180 parole), nel quaderno, esprimendo la vostra opinione.

> Salve a tutti!
> Ecco il mio dilemma. Sono mamma di una bellissima bambina di 2 anni che mi dà tanto da fare! Ora tutti, o meglio mamma, suocera e parenti vari, stanno cercando di convincermi a fare un altro figlio. Io, a essere sincera, non me la sento e mio marito è d'accordo con me. La vita sta diventando sempre più difficile, anche economicamente. Che futuro avranno questi bambini? D'altra parte, la figura di un fratellino o sorellina può essere importante per un bambino? Voi cosa ne pensate?
> Aspetto i vostri commenti. Valentina

Pro e contro — Unità 16

9 Rispondete (160-180 parole) a questo messaggio apparso su un blog.

Salve a tutti,

prendendo spunto dalla discussione "auguri a me", vorrei sapere, da chi è sposato e da chi è single, le varie opinioni riguardo il bene e il male del matrimonio....

Ci sono alcuni single incalliti che a dire il vero fanno un po' pena e alcuni mariti convinti di essere dei sottomessi... Io ho intrapreso una convivenza da quasi un anno e penso che anche a me verrà dato prima o poi un ultimatum... E allora che farò?

Aiutatemi con le vostre esperienze.

Nino

Unità 17 — Descrivere una persona

Per iniziare!

Quali sono le caratteristiche fisiche e del carattere che più apprezzate in una persona? Parlatene con la classe.

1 A. Leggete il seguente testo.

[...] La prima cosa che si nota in lei sono i capelli: lunghi, mossi e vivacemente rossi, che scendono sulle sue spalle contrastando con il bianco candido della sua pelle e creando un gioco di colori impossibile da non notare. Sembra quasi che madre natura abbia voluto evidenziarla con le sue tempere, in modo da rendere subito palese a tutti quanto speciale e unica lei sia.
Il suo fisico magro, slanciato ed esile come quello di una modella dà subito l'idea di una fragilità indifesa, fragilità che si riflette nel suo carattere delicato come le ali di una farfalla.
Le labbra sottili, in perfetta sintonia con i lineamenti del suo viso, sono spesso impegnate in larghi sorrisi, mentre i suoi occhi chiari, quelli che più di ogni altra cosa mi hanno rapito, sono malinconici e tradiscono una tristezza profonda, straziante, a tratti commovente.
Ogni dettaglio del suo aspetto è legato in qualche modo alla sua anima: il bianco della pelle ricorda una purezza e una ingenuità quasi infantili e il rosso acceso dei capelli sa di passione, la stessa passione che mette nel canto, nel ballo, nella pittura e in tutto quello che fa. [...]

da: www.laboratoriodiscritture.blogspot.gr

B. Inserite nella tabella gli aggettivi e/o i sostantivi usati nel testo per descrivere gli elementi della colonna di sinistra.

capelli	
occhi	
labbra	
fisico	
carattere	
pelle	

C. Riscrivete nel quaderno il testo dell'attività 1A mettendo i verbi al tempo passato.

La prima cosa che si notava in lei ....

Descrivere una persona — Unità 17

2 Indicate le parole a cui potremmo abbinare i seguenti aggettivi, concordandoli nel genere e nel numero, come negli esempi.

tinto ➤ *capelli tinti* pacifico ➤ *carattere pacifico/persona pacifica*

1. apatico ....
2. trasandato ....
3. ovale ....
4. snello ....
5. mosso ....
6. permaloso ....
7. carnoso ....
8. luminoso ....
9. brizzolato ....
10. ondulato ....
11. rugoso ....
12. muscoloso ....

3 Abbinate gli aggettivi della colonna di sinistra con il loro significato nella colonna di destra.

1. sottomesso
2. permissivo
3. intransigente
4. superficiale
5. diplomatico
6. umile
7. scontroso
8. taciturno
9. disonesto
10. volubile

a. che cambia facilmente
b. che concede troppa libertà
c. che non va a fondo delle cose
d. che ha troppo rigore, non è flessibile
e. che dimostra poca abilità di socializzazione
f. privo di onestà
g. che parla pochissimo
h. che sa parlare e muoversi con abilità
i. che non si dà arie
l. privo di autonomia

4 Pensate ad un vostro amico/a e completate la tabella con gli aggettivi che lo/la descrivono meglio. Vediamo chi ne trova di più!

fisico	carattere	abbigliamento

abitudini	interessi	qualità	difetti

5 A coppie. Che disordine! Per un guasto al computer sono saltati di posto tutti gli aggettivi. Cercate di rimetterli a posto, come nell'esempio, lavorando con un compagno.

La mia nonna l'ho conosciuta da piccolo perché da pochi anni non c'è più. È stata una nonna straordinaria, anzi direi meravigliosa.
Era di media statura con un fisico gentile/......................(1), i suoi occhi chiari, luminosi ed esile/........................(2), mostravano la sua serenità e calma. La sua caratteristica era il naso piccolo, sicura/........................(3) e all'insù, che la rendeva raffinata ed elegante. I suoi capelli erano bellissimi, biondi e raffinato/........................(4); mi piaceva toccarli perché sembravano setosi. Il suo sguardo era sempre sottile/......tenero....... (5) e penetrante, rifletteva il suo carattere cordiale, espressivi/........................ (6) ed equilibrato. Con lei infatti mi sentivo bene, mi piaceva trascorrere i pomeriggi ad osservarla mentre ricamava nella sua stanza. Con noi nipoti è stata sempre molto generosa e delicata/........................ (7); mi ricordo con piacere le attenzioni che ci mostrava quando ritornavamo dall'asilo, ci raccontava le favole e ci cantava filastrocche con la sua voce gradevole e ricci/........................ (8). La sua andatura era ~~tenero~~/........................ (9) e sciolta, camminava spedita tra le strade del paese e in breve tempo riusciva a raggiungere il negozio del nonno. Una particolarità della mia nonna era la sua eleganza, si vestiva in modo dolce/........................ (10) perché non le piaceva essere in disordine.

adattato da: www.alboscuole.it

6 Completate il testo con gli aggettivi mancanti nella forma corretta, scegliendoli tra quelli elencati sotto. Attenzione: ce ne sono due in più.

largo ♦ calvo ♦ robusto ♦ intenso ♦ snello ♦ rugoso ♦ vivo ♦ elegante ♦ grande ♦ folto

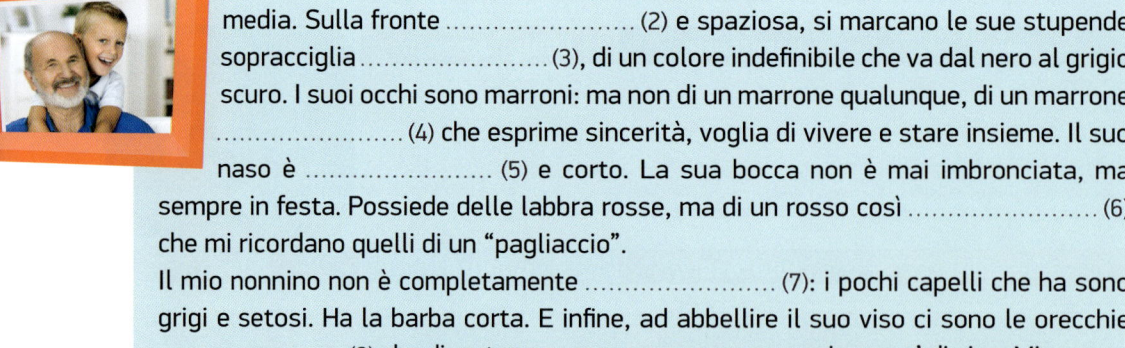

Si chiama Luigi ed ha 66 anni. Di corporatura .... (1) e di altezza media. Sulla fronte .... (2) e spaziosa, si marcano le sue stupende sopracciglia .... (3), di un colore indefinibile che va dal nero al grigio scuro. I suoi occhi sono marroni: ma non di un marrone qualunque, di un marrone .... (4) che esprime sincerità, voglia di vivere e stare insieme. Il suo naso è .... (5) e corto. La sua bocca non è mai imbronciata, ma sempre in festa. Possiede delle labbra rosse, ma di un rosso così .... (6) che mi ricordano quelli di un "pagliaccio".
Il mio nonnino non è completamente .... (7): i pochi capelli che ha sono grigi e setosi. Ha la barba corta. E infine, ad abbellire il suo viso ci sono le orecchie .... (8) che diventano rosse non appena assaggia un po' di vino. Mio nonno non ha mai caldo: è un tipo molto particolare. In inverno indossa due o tre maglie e almeno un cappello; in estate, invece, indossa raramente magliette a maniche corte.

da: www.istitutocomprensivodavolimarina.it

Descrivere una persona / Unità 17

✎ Scriviamo!

7 **A.** Descrivete* ad un amico con parole vostre Angelica, la protagonista del romanzo *Il Gattopardo*.

ANGELICA

L'attimo durò cinque minuti; poi la porta si aprì ed entrò Angelica.
Sotto l'urto che ricevettero allora dall'impeto della sua bellezza, gli uomini rimasero incapaci di notare, analizzandola, i non pochi difetti che quella bellezza aveva; molte dovevano essere le persone che di questo lavorio critico non furono capaci mai. Era alta e ben fatta, in base a generosi criteri; la carnagione sua doveva possedere il sapore della crema fresca alla quale rassomigliava, la bocca infantile quello delle fragole. Sotto la massa dei capelli color di notte avvolti in soavi ondulazioni, gli occhi verdi albeggiavano immoti come quelli delle statue e, com'essi, un po' crudeli. Procedeva lenta, facendo roteare intorno a sé la ampia gonna bianca e recava nella persona la pacatezza e l'invincibilità della donna di sicura bellezza.

adattato da: "Il Gattopardo" di G. Tomasi di Lampedusa

> *Una descrizione può essere oggettiva o soggettiva.*
> *Oggettiva: si descrivono cose, persone o fatti in modo impersonale per dare informazioni.*
> *Soggettiva: si descrivono cose, persone o fatti attraverso le opinioni e i sentimenti di chi scrive.*

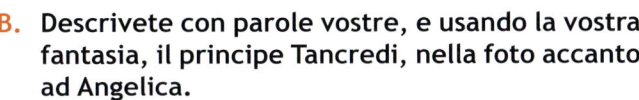

Dopo cinque minuti entrò Angelica ....
....

B. Descrivete con parole vostre, e usando la vostra fantasia, il principe Tancredi, nella foto accanto ad Angelica.

8 Scrivete un'e-mail (120-160 parole) ad un vostro amico in cui descrivete il vostro nuovo vicino di casa.

9 In vacanza avete conosciuto un/una ragazzo/a che vi piace molto. Scrivete un'e-mail (120-160 parole) ad un amico/a in cui descrivete questa persona, spiegando perché vi piace.

Scriviamo insieme! 2 — 91

Unità 18 — Descrivere un luogo

Per iniziare!

C'è un luogo della vostra città che vi affascina particolarmente? Parlatene con il vostro compagno e la classe.

1 A. Leggete il seguente testo.

Desidero descrivere il luogo più straordinario che io abbia mai visto, anche se ne ho già parlato tante volte. Voglio raccontare delle vasche naturali che il fiume Bevera ha scavato nella montagna. È incantevole, quando arrivi senti subito il rumore della cascatella, è come se dicesse: "Vieni, vieni!". A mano a mano che ti avvicini inizi a sentire il profumo di oleandro, di acqua (so che può sembrare strano ma l'acqua di montagna ha un profumo delicato e birichino) e, quando sposti l'ultimo ramo d'ulivo per farti largo nel bosco, vedi un luogo perfetto, uguale in tutto al paesaggio de "Il Signore degli Anelli". [...] Di solito mi metto con mio papà sui massi in riva al fiume. Mi piace moltissimo nuotare, perciò un giorno ho deciso di risalirne il corso. L'acqua era gelida, la ricordo come fosse ora, non toccavo mai il fondo e questo mi faceva un po' paura. La roccia, l'ho notato solo allora, era a strati: grigio chiaro, grigio scuro, rosata e perfino rossiccia.

da: www.it.answers.yahoo.com

B. Inserite ora nella tabella gli aggettivi usati nel testo per descrivere i seguenti elementi:

luogo	profumo	acqua	roccia

> Possiamo descrivere un luogo attraverso l'uso dei cinque sensi:
>
> la *vista* per esprimere le bellezze e i colori,
> l'*udito* per esprimere i suoni,
> l'*olfatto* per descrivere i profumi,
> il *gusto* per esprimere i sapori e
> il *tatto* per descrivere una superficie.

C. A coppie. Quali altri aggettivi potreste usare con questi sostantivi? Vince chi ne trova di più!

luogo	profumo	acqua	roccia

Descrivere un luogo — Unità 18

2 Individuate quali di questi aggettivi per descrivere una città sono positivi e quali negativi.

> culturale ✦ storica ✦ inquinata ✦ affollata ✦ caotica
> movimentata ✦ solare ✦ trafficata ✦ umida ✦ serena ✦ inospitale
> magica ✦ antica ✦ bellissima ✦ frenetica ✦ unica

Aggettivi positivi: ....

Aggettivi negativi: ....

3 Completate il testo con gli elementi grammaticali mancanti (*articoli, pronomi relativi, avverbi, connettivi, indefiniti, preposizioni*).

SIENA: Circondata dagli ulivi e dalle vigne del Chianti, Siena è una delle città .... (1) belle della Toscana. Sorta sulla cima di tre colli, la città è percorsa da ampi viali e stretti vicoli, ... (2) conducono al cuore della città, Piazza del Campo, e a tutti .... (3) altri edifici di richiamo culturale come il Duomo e lo Spedale di Santa Maria della Scala. Famosa per il Palio, la corsa storica a cavallo che si tiene ogni anno il 2 di luglio e il 16 di agosto, Siena è .... (4) la sede di una delle più antiche università d'Europa. .... (5) a strade e piazze sempre animate, Siena offre molti eventi culturali, concerti, cinema, teatri ed un'ampia varietà di attività sportive. Con le sue bellezze naturali ed artistiche, Siena è facilmente raggiungibile .... (6) in macchina che con i mezzi pubblici. L'area del Chianti, situata tra Firenze e Siena, è una delle più belle zone di campagna di tutta l'Italia ed è famosa .... (7) la produzione di vini.

da: www.viaggioinrete.blogspot.gr

4 Sottolineate nel testo il connettivo o l'avverbio corretto.

La mia casa non è molto grande, ma né/nemmeno (1) piccola, e per me rappresenta un luogo che mi dà tanta sicurezza e dove/dentro (2) mi sento a mio agio.
È una casa accogliente, calda, e ha quattro stanze più/meno (3) una grande cucina. La stanza più grande è il salotto, ma qui ci andiamo solo la sera per vedere tutti insieme la TV, eppure/oppure (4) la domenica a pranzo.

Scriviamo insieme! 2

Di solito il resto del tempo lo passiamo in cucina. La cucina è grande, spaziosa e luminosa, secondo me è la stanza più bella. Anche/Ancora (5) quando vengono degli amici a bere il caffè spesso si rimane in cucina. Tuttavia/Inoltre (6) abbiamo un terrazzo bellissimo, grande e pieno di fiori, è il nostro orgoglio. L'estate di solito/raramente (7) mangiamo in terrazzo, soprattutto la sera perché c'è più fresco. Un'altra stanza che mi piace molto è la mia cameretta. Spesso ci passo ore e ore, a studiare, a leggere, a navigare su Internet, a telefonare agli amici, infatti/insomma (8), qui c'è tutto il mio mondo.

5 A coppie. Completate la seguente filastrocca. Vince la coppia che finisce per prima!

Un paese è fatto

Un paese è fatto di giardini
dove giocano tanti .... (1).
È fatto di case e di chiese,
ci sono salite e altrettante .... (2).
Ci sono negozi, uffici e palestre,
un ristorante con tante .... (3).
Ha una biblioteca e poche scuole,
tante strade con poco .... (4).
In un paese c'è poca gente
e conosci tutti .... (5).

adattato da: www.digilander.libero.it

6 Evidenziate con il colore blu gli aggettivi adatti a descrivere il mare e con il verde quelli adatti a descrivere un paesaggio. In rosso gli aggettivi che vanno bene per entrambi.

immenso ♦ limpido ♦ rilassante ♦ naturale ♦ malinconico ♦ romantico
inquinato ♦ paradisiaco ♦ sperduto ♦ brullo ♦ cristallino ♦ mosso
fertile ♦ emozionante ♦ profondo ♦ fresco ♦ verdeggiante ♦ calmo
misterioso ♦ lunare ♦ minaccioso ♦ roccioso ♦ profumato ♦ florido
affascinante ♦ sereno ♦ inquietante ♦ agitato ♦ allegro ♦ incantevole

Descrivere un luogo — Unità 18

7 Completate la descrizione della spiaggia B.

A

Ha uno splendido litorale di sabbia lungo e protetto. Per raggiungerlo, lasciata l'auto sulla statale, occorre proseguire a piedi per sentieri scoscesi. L'acqua è trasparente e i fondali ricchi di grotte. Si snoda fra due capi, quello di Calavà, che si tuffa in mare con pareti rocciose verticali alte fino a 137 m, e quello di Schino, meno ripido. Il mare è pulito e le attrezzature balneari buone.

B

Questa spiaggia della Sardegna ....
....
....
....
....
....
....

✒ Scriviamo!

8 **A.** Ultimamente nella vostra vita ci sono stati grossi cambiamenti: avete cambiato città, lavoro, e siete andati a vivere in campagna. Scrivete su un diario (160-180 parole) le vostre impressioni, descrivendo il paese in cui siete andati a vivere.

B. Descrivete nel diario (160-180 parole) lo stesso paese, dal punto di vista dei vostri figli.

C. Descrivete nel diario (160-180 parole) lo stesso paese, dal punto di vista dei vostri amici che sono venuti a trovarvi.

9 Vostro padre è stato trasferito e così avete cambiato città. Scrivete un'e-mail (160-180 parole) ad un amico in cui descrivete la vostra nuova scuola, o università, spiegando anche perché vi piace o meno.

10 **A.** Da pochi giorni nella vostra ditta vi hanno fatto traslocare in un altro ufficio, ma non siete molto contenti.

Scrivete un'e-mail (90-100 parole) ad un vostro amico in cui:

- lo informate di questo fatto,
- spiegate perché non siete contento,
- fate un confronto con l'ufficio precedente.

B. Scrivete la stessa e-mail (90-100 parole) al vostro direttore, in cui vi lamentate di questo fatto.

11 Siete in villeggiatura in un'isola. Scrivete un'e-mail (90-100 parole) ad un amico/a in cui descrivete l'isola e il posto in cui alloggiate.

Raccontare un film

Unità 19

Per iniziare!

Qual è l'ultimo film che avete visto? Parlatene con i vostri compagni.

1 Leggete questi due racconti del film Billy Elliot e riflettete. Che differenza c'è nel modo di raccontare la storia del film? Discutetene con i vostri compagni.

A. Questo film è ambientato in un paese molto povero dell'Inghilterra nel 1984 (durante lo sciopero dei minatori). Racconta la storia di un ragazzino di nome Billy Elliot, che vive in una famiglia formata dal padre, un fratello e una nonna. Purtroppo la mamma è morta quando Billy era piccolo. Un giorno Billy, andando in palestra per fare pugilato, scopre che la sua grande passione è la danza, ma il padre e il fratello non sono d'accordo con la sua scelta perché dicono che la danza è una cosa da femmine e comunque non hanno soldi per fargli studiare danza. Billy si sente abbandonato a se stesso, ma l'insegnante di ballo lo aiuta a esprimere il suo talento. Col passare del tempo il padre capisce che per Billy la danza è importante e tutta la famiglia si sacrifica per mandarlo a Londra all'Accademia. Alla fine Billy diventa un bravissimo ballerino.

da: www.scuolevalnervia.org

B. Questo film, anche dopo anni dall'uscita, rimane e rimarrà uno dei film più attuali per rappresentare la passione verso la danza. Molte volte escono film che raccontano di passioni che vengono ostacolate da fatti per niente legati alla vita reale. Ed è proprio per questo che Billy Elliot è secondo me il film più efficace per comunicare il messaggio di vera passione, perché le difficoltà che intercorrono tra il protagonista e la danza sono problemi reali: il pregiudizio del padre, i problemi economici e lavorativi. Alcune parti di questo film hanno suscitato in me vere emozioni, soprattutto nel sacrificio che il padre fa lasciando da parte l'orgoglio per inseguire il sogno del figlio. Non è questo ciò che farebbe un padre che vuole veramente il bene del figlio? Per questo apprezzo questo film, ci racconta una storia reale. La realtà sta nel sacrificio, nella fatica, nelle rinunce e nell'umiltà, che alla fine porta ai risultati. Soprattutto in un mondo difficile come quello dello sport, quello della danza.

di Federica M.
da: www.cineparliamo.net

Nel testo A ....
....
Nel testo B invece ....
....

2 Trasformate il testo A al tempo passato, come nell'esempio in blu.

Questo film è ambientato in un paese molto povero dell'Inghilterra nel 1984 (durante lo sciopero dei minatori). Racconta la storia di un ragazzino di nome Billy Elliot, che (vive)/................... (1) in una famiglia formata dal padre, un fratello e una nonna. Purtroppo la mamma (è morta)/................... (2) quando Billy era piccolo. Un giorno Billy, andando in palestra per fare pugilato, (scopre)/ scoprì (3) che la sua grande passione (è)/................... (4) la danza, ma il padre e il fratello non (sono)/................... (5) d'accordo con la sua scelta perché (dicono)/................... (6) che la danza (è)/ .... (7) una cosa da femmine e comunque non (hanno)/................... (8) soldi per fargli studiare danza. Billy (si sente)/................... (9) abbandonato a se stesso, ma l'insegnante di ballo lo (aiuta)/................... (10) a esprimere il suo talento. Col passare del tempo il padre (capisce)/................... (11) che per Billy la danza (è)/................... (12) importante e tutta la famiglia (si sacrifica)/................... (13) per mandarlo a Londra all'Accademia. Alla fine Billy (diventa)/................... (14) un bravissimo ballerino.

3 **A.** Leggete la lista di aggettivi e sostantivi presentati qui sotto e riscriveteli all'interno del gruppo a cui secondo voi appartengono.

commedia • avvincente • storico • interessante • d'azione • del terrore
noioso • poliziesco • pesante • originale • d'avventura • commerciale
di guerra • impegnato • allegro • triste • cortometraggio • sentimentale
comico • di fantascienza • rilassante • drammatico • violento • romantico
divertente • musical • commovente • angosciante • a sfondo sociale

Tipo di film	Aggettivi negativi	Aggettivi positivi

B. Quali di questi aggettivi vanno bene, secondo voi, per il film Billy Elliot?

....

Raccontare un film — Unità 19

4 Completate il testo con gli elementi grammaticali mancanti.

Titolo originale: AmeriQua.
Trama: Charlie Edwards è un giovane neolaureato .... (1) buona famiglia. Deve trovare la sua strada, costruire il suo futuro .... (2) preferisce dormire e divertirsi piuttosto .... (3) affrontare l'incubo dei colloqui di lavoro. Messo alle strette .... (4) famiglia, con gli ultimi soldi ricevuti decide di comprare un biglietto aereo per l'Italia e inizia un viaggio al confine .... (5) sogno e realtà. Derubato al .... (6) arrivo, trova conforto nel nuovo amico Lele, l'autoproclamato re di Bologna che, insieme .... (7) una curiosa crew, lo porterà alla scoperta di usi e costumi italiani secondo particolarissimi punti di vista… Conoscerà Badoo, incontrerà la bellissima italiana Valentina e l'americana Vicky. .... (8) appassionerà a tutto .... (9) che di bello l'Italia regala, compreso il buonissimo ragù bolognese, simbolo .... (10) tradizione familiare.

da: www.mymovies.it

5 Abbinate le parole della colonna di sinistra al loro significato nella colonna di destra.

1. Colonna sonora
2. Doppiaggio
3. Fiction
4. Produttore
5. Regista
6. Remake
7. Sceneggiatura
8. Scenografia
9. Sequenza
10. Controfigura

a. Termine televisivo per indicare tutto ciò che è racconto immaginario.
b. Trasforma la sceneggiatura scritta in un film, scegliendo e dirigendo gli attori sul set.
c. L'arte della realizzazione degli ambienti naturali, costruiti, adattati, in cui dovrà svolgersi l'azione di un film.
d. Le musiche di un film.
e. La voce degli attori viene sostituita dalla voce dei doppiatori, specialmente nei film stranieri.
f. Chi fornisce il capitale per la realizzazione di un film.
g. Insieme di inquadrature o scene unite per comporre un episodio.
h. Sostituisce l'attore nelle scene più pericolose o acrobatiche.
i. Testo definitivo scritto di un film che, relativamente ad ogni scena, contiene tutte le indicazioni necessarie alle riprese del film.
l. Rifacimento parziale o totale di un film, generalmente di grande successo, compiuto a distanza di tempo.

Scriviamo!

6 Scrivete un messaggio (80-100 parole) a un forum in cui si parla di cinema per consigliare o sconsigliare un film che avete visto.

7 Scrivete la trama di un film su un foglietto e poi passatelo ai compagni. Ognuno di loro scriverà un titolo di film. Vince chi scrive il titolo giusto.

8 In un blog c'è una discussione tra chi preferisce il cinema americano e chi invece quello italiano. Decidete di partecipare esprimendo la vostra opinione in proposito (100-120 parole).

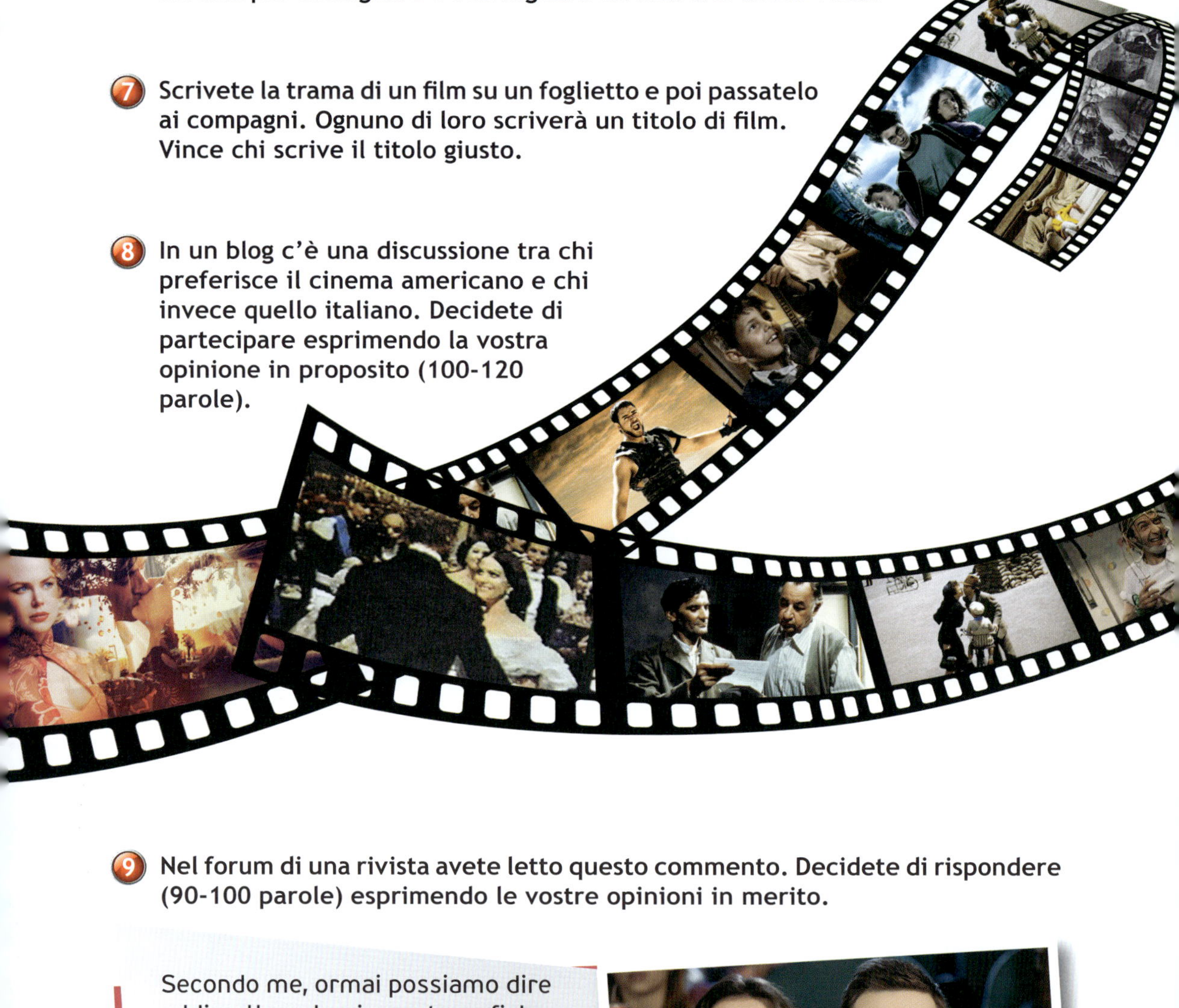

9 Nel forum di una rivista avete letto questo commento. Decidete di rispondere (90-100 parole) esprimendo le vostre opinioni in merito.

> Secondo me, ormai possiamo dire addio alle sale cinematografiche. Abbiamo ormai tutti i canali che vogliamo, possiamo noleggiare con poca spesa i DVD di tutti i film che vogliamo. Allora, ma c'è ancora qualcuno che va al cinema?
> Giacomo

Raccontare un fatto

Unità 20

🖋 Per iniziare!

> C'è una notizia che avete recentemente letto sul giornale o sentito alla radio che vi ha particolarmente colpito? Parlatene brevemente con i vostri compagni.

1 A. Leggete questo fatto di cronaca.

> Ladri in azione a tutte le ore del giorno a Brindisi: poco dopo le 11 del mattino di oggi a essere saccheggiato è stato un appartamento di via Felice Matteucci a Villaggio San Paolo. I ladri si sono impossessati della somma contante di 250 euro e di monili in oro. Il proprietario, un pensionato, si era assentato solo per un'ora. Al ritorno ha trovato la camera da letto a soqquadro e tutti gli effetti personali sparsi per la casa. L'appartamento fa parte di una schiera di case popolari e si sviluppa su due piani. I ladri hanno visitato solo il piano superiore dove ci sono le camere da letto. M.S. vive insieme alla moglie e al figlio ma entrambi erano fuori casa. Con tutta probabilità chi ha agito conosceva perfettamente le abitudini della famiglia. Da quanto è stato accertato, i ladri sono entrati da una finestra rimasta aperta al piano terra e hanno avuto tutto il tempo di rovistare la camera da letto alla ricerca di denaro e ori. All'arrivo del proprietario erano già lontani.

da: www.brindisireport.it

B. Rispondete ora alle domande relative al testo che avete letto.

1. Chi sono i protagonisti di questo fatto?

2. Dove è successo il fatto?

3. Quando è successo?

4. Cosa è successo?

5. Come è successo?

Scriviamo insieme! 2

2 Individuate nel testo quali frasi o parole corrispondono a quelle date di seguito.

1. hanno rubato
2. si era allontanato temporaneamente
3. in grande disordine
4. tutti e due
5. è stato verificato

3 Completate il testo inserendo le parole date qui di seguito.

piogge ☀ temperature ☀ fenomeni ☀ peggioramento

Meteo.it weekend

Per il fine settimana si conferma un nuovo .... (1) del tempo per l'azione di ben due perturbazioni: una atlantica che interesserà il Nord, l'altra di origine nord-africana che coinvolgerà il Centro-Sud. Al Nord sin dal mattino precipitazioni sparse al Nordovest con maggiore coinvolgimento del Triveneto. I .... (2) saranno più intensi e diffusi su Liguria, Alto Piemonte, Nord e Ovest della Lombardia. Al Centro-Sud nella mattinata prime locali .... (3) su Toscana, Sardegna meridionale e Ovest della Sicilia. .... (4) in calo al Nord, più sensibile al Nord-Ovest; stazionarie o in lieve aumento lungo l'Adriatico e lo Ionio.

4 Scrivete un breve messaggio (15-25 parole) ad una zia anziana, che ha intenzione di fare una gita nel weekend, per informarla delle condizioni del tempo che avete letto nel testo dell'attività 3.

5 A coppie. Ricostruite il testo mettendo i paragrafi nell'ordine corretto.

1	a.	Due incendi di vaste proporzioni si sono sviluppati sulla collina San Marco di Agropoli nella serata di ieri, tra le 21 e le 22.
.....	b.	Per fortuna anche quelle fiamme sono state domate, non senza difficoltà.
.....	c.	Un fuoco ha avuto origine a ridosso di alcune abitazioni i cui occupanti sono stati allontanati.
.....	d.	Tanta la paura considerato che il fuoco aveva portato alla fuoriscita dalla struttura di materiali tossici, costringendo i vigili del fuoco a richiedere l'intervento dei vigili urbani per bloccare il traffico e delle ambulanze dell'Humanitas.

Raccontare un fatto — Unità 20

..... e. I vigili del fuoco, accorsi sul posto, hanno faticato non poco per domare le fiamme che minacciavano le case e che hanno raggiunto diversi metri d'altezza, distruggendo molti ettari di vegetazione.

4 f. In precedenza, erano dovuti intervenire anche nei pressi di un depuratore dove un guasto ad una cabina elettrica aveva fatto divampare un incendio.

adattato da: www.infocilento.it

6 Sottolineate nel testo i verbi usati alla forma passiva e trasformarteli alla forma attiva.

Continuano senza sosta i controlli della Polizia Locale di Camerota per il fenomeno dell'abbandono dei rifiuti. I vigili, in collaborazione con gli operatori ecologici, stanno effettuando una serie di controlli che hanno interessato il centro storico della frazione Marina, dove nel corso dell'ultima settimana sono state eseguite verifiche in circa 30 strutture balneari. In particolare nel centro storico, sono stati rinvenuti in un sacchetto documenti appartenenti ad una persona residente nel Beneventano. Al soggetto sarà data una multa di 500 euro. Vanno avanti anche le attività di sgombero del viale Pietro Troccoli a Marina di Camerota, dove nelle giornate di martedì e giovedì sono stati allontanati venditori abusivi che campeggiavano occupando senza autorizzazioni.

da: www.infoagropoli.it

1. .... 2. ....
3. .... 4. ....

7 Completate il testo con i connettivi mancanti, scegliendo tra quelli dati.

inoltre ▲ oltre ▲ magari ▲ invece ▲ anzi ▲ ecco ▲ anche

Vernazza

Niente sdraio, ombrelloni e lettini costosi. Solo acque bellissime per bagnarsi, sabbia e scogli. Le spiagge italiane dove farsi il bagno è gratis.

C'è chi predilige gli stabilimenti balneari super attrezzati che, ... (1) ai lettini, alle sdraio e agli ombrelloni dispongono di docce, zona bar e ristorante, spogliatoi, ... (2) anche di un'area dedicata ai bambini, e che offrano .... (3) la possibilità di affittare pedalò, kayac, canoe e moto d'acqua. C'è chi, ... (4), non tollera troppe comodità. Per coloro che amano il contatto diretto con la sabbia e con gli scogli e per i quali una giornata al mare è sinonimo di estrema libertà, ... (5) Vernazza. Qui trovate alcune delle spiagge libere più belle della Liguria, angoli nascosti sempre affascinanti e, soprattutto, economici.

da: www.lastampa.it

✎ Scriviamo!

8 In un'e-mail raccontate (60-80 parole) a un amico questo fatto di cronaca che avete letto sul giornale e che è successo nel posto in cui eravate in vacanza.

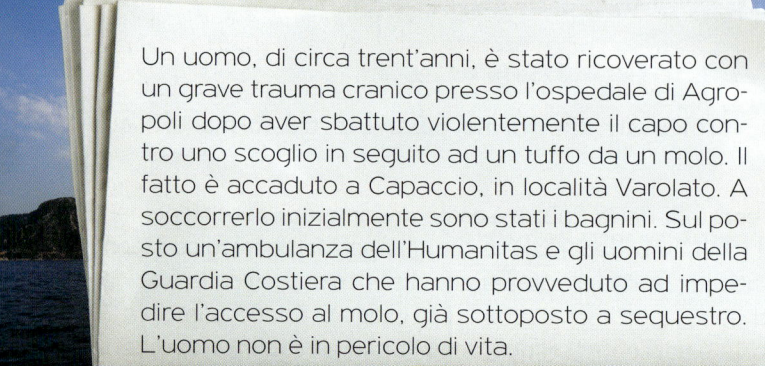

Un uomo, di circa trent'anni, è stato ricoverato con un grave trauma cranico presso l'ospedale di Agropoli dopo aver sbattuto violentemente il capo contro uno scoglio in seguito ad un tuffo da un molo. Il fatto è accaduto a Capaccio, in località Varolato. A soccorrerlo inizialmente sono stati i bagnini. Sul posto un'ambulanza dell'Humanitas e gli uomini della Guardia Costiera che hanno provveduto ad impedire l'accesso al molo, già sottoposto a sequestro. L'uomo non è in pericolo di vita.

da: www.infoagropoli.it

Da: Marta222@tin.it
A: Mau@hotmail.com
Cc:
Oggetto: tragedia in vacanza

Caro Maurizio,

....
....
....
....
....

9 Fuori dalla vostra scuola un cane si è avvicinato di corsa e ha morsicato un vostro compagno di classe.

A. Scrivete un breve articolo (80-100 parole) sul giornalino della vostra scuola, in cui raccontate l'accaduto.

B. Scrivete una lettera (80-100 parole) al direttore della scuola per informarlo dell'accaduto.

C. Una vostra cugina ha due figli piccoli e ha deciso di prendere un cane di grossa taglia. Le scrivete la stessa lettera (80-100 parole) per raccontarle quello che è successo.

10 Raccontate per iscritto (160-180 parole) un fatto spiacevole o divertente che vi è accaduto durante le vacanze.

Unità 21
Scrivere un riassunto

🖋 Per iniziare!

> Riassumere è un'abilità della lingua molto importante.
> Siete d'accordo? Parlatene con i vostri compagni e l'insegnante.

1 Impariamo a ridurre un testo.

A. Leggete i paragrafi e scrivete nella tabella solo l'informazione principale, come nell'esempio.

	Favola	Informazione principale
1	Questa è una storia che racconta un fatto accaduto tanti, tanti anni fa, quando nessuno di noi era ancora nato; quando re e regine esistevano ancora; quando poche persone comandavano su tutti gli altri esseri umani; quando la vita di un bambino valeva pochissimo se non c'erano la sua mamma e il suo papà a proteggerlo...	Questa è una storia che racconta un fatto accaduto tanti, tanti anni fa.
2	Tanto, tanto tempo fa, dicevamo, c'era un re e c'era una ragazza che si chiamava Maria Luisa. Il re era un uomo giovane e bello, alto, biondo e con gli occhi azzurri. Viveva in un palazzo in riva al mare, con tanti saloni ricchi di specchi, di pavimenti preziosi con marmi colorati, di finestre alte e luminose da cui il re si affacciava e salutava i suoi sudditi nei giorni di festa o guardava il mare che era la sua passione.	
3	Egli, infatti, amava navigare nelle belle giornate di vento e di sole e aveva un'imbarcazione sulla quale saliva accompagnato soltanto da un suo fedele amico che era stato suo compagno d'infanzia e compagno di giochi, perché anche i re prima di diventare re sono bambini e giocano e hanno amici come tutti i bambini del mondo.	
4	Un giorno, tornando da una di queste gite in barca, sulla spiaggia ha visto per la prima volta Maria Luisa. La ragazza, alta e bruna e con due splendidi occhi neri, era la figlia di un pescatore ed era lì ad aspettare il ritorno delle barche che erano partite per la pesca il mattino presto. Il re non era vestito da re e perciò non era riconoscibile. Quando i due si sono incontrati, si sono guardati dritto negli occhi e si sono subito innamorati. È stato amore a prima vista!	

adattato da: www.raccontioltre.it

B. **Riflettete.** Le informazioni raccolte rispondono a queste domande?

   a. Quando si svolge la storia?
   b. Chi è/Chi sono il/i protagonista/i della storia?
   c. Com'è/Come sono il/i protagonista/i della storia?
   d. Cosa succede nella storia?
   e. Come o quando o perché succede?

C. Ora, con le informazioni raccolte, ricostruite il testo.

2. **A coppie.** Leggete questo testo, una recensione del film *Tutta la vita davanti* (non preoccupatevi se non conoscete qualche parola) e riducetelo a circa 70-80 parole.

Il film racconta la storia di Marta, una ragazza ventiquattrenne siciliana, neolaureata con lode in filosofia. Umile, curiosa e un poco ingenua, Marta si vede chiudere in faccia le porte del mondo accademico, dove cercava un posto di ricercatrice, e si ritrova a lavorare come baby-sitter della figlia della fragile ragazza-madre Sonia (interpretata con struggente intensità da Micaela Ramazzotti). È proprio lei a introdurla nel call center della Multiple, azienda specializzata nella vendita di un apparecchio di depurazione dell'acqua apparentemente miracoloso. Da qui inizia il viaggio di Marta in un mondo alieno, quello dei tanti giovani, carini e "precariamente occupati" italiani: in una periferia romana spaventosamente deserta e avveniristica, la Multiple si rivela pian piano al suo sguardo ingenuo come una sorta di mostro che "assorbe" dentro di sé i giovani lavoratori, illudendoli con premi e incoraggiamenti (come messaggini motivazionali quotidiani della capo-reparto), training da villaggio vacanze (balli di gruppo per "iniziare bene la giornata") per poi punirli con eliminazioni alla Grande Fratello. Prendendo spunto dal libro della blogger sarda Michela Murgia, *Il mondo deve sapere*, Virzì, il regista, esplora con gli occhi di Marta, attraverso il viso curioso della fresca Isabella Ragonese (per adesso solo una piccola parte in *Nuovomondo*), l'inferno di questo precariato con *Tutta la vita davanti*; e lo fa con lo spirito comico e amaro che da sempre lo contraddistingue.

adattato da: www.mymovies.it

Per ridurre il testo seguite questi consigli:

a. Il testo che avete letto è di 226 parole. Con una matita cancellate tutte le informazioni che ritenete secondarie fino a ridurre il testo alla metà.

Scrivere un riassunto — Unità 21

b. Ora rifate la stessa operazione. Deve rimanere un testo di circa 70-80 parole.

c. Ora, riscrivetelo con parole vostre. Il vostro riassunto dovrà contenere le seguenti informazioni:

- Chi è la protagonista.
- Com'è?
- Cosa fa?
- Dove lavora?
- Perché fa questo lavoro?
- Per lei questo lavoro è soddisfacente?

3 Collegate le frasi seguenti usando i pronomi e i connettivi necessari.

1. Ho visto un bell'albergo. Ho deciso di prenotare l'albergo per le vacanze.

2. Ho telefonato a Francesca. Ho spiegato a Francesca che non potrò partire con lei in moto. Ultimamente mi fa male la schiena.

3. I figli di Giovanni amano molto l'avventura. In vacanza vanno sempre in campeggio.

4. Mia sorella mi ha detto che andrà in vacanza in Irlanda. Ho detto a mia sorella che anch'io vorrei andare in Irlanda.

5. Abbiamo saputo che Franco e Rossana partiranno per una crociera molto bella. Abbiamo telefonato a Franco e Rossana. Noi vogliamo andare a fare questa crociera.

④ **A coppie.** Per un guasto al computer sono saltati di posto tutti i connettivi. Cercate di rimetterli a posto lavorando con il vostro compagno di banco.

A differenza dei giovani americani, che anche quando vanno a scuola fanno spesso lavori stagionali, i giovani italiani che continuano gli studi dopo la scuola dell'obbligo, di solito, non lavorano né durante l'anno scolastico, né durante l'estate e continuano Anche/.................... (1) ad essere mantenuti dai genitori. Inoltre/.................... (2) non si tratta solo di un problema di mentalità: è anche vero che molti giovani non lavorano durante le vacanze infatti/.................... (3) in Italia è molto difficile trovare un lavoro stagionale.
perché/.................... (4) per quanto riguarda il lavoro che un giovane cerca una volta che ha finito gli studi, ci sono molte differenze tra la situazione di un italiano e quella di un americano. Dopo l'università una larga percentuale dei giovani rimane in attesa di un'occupazione per lungo tempo. perciò/.................... (5), i giovani devono fare i conti anche con problemi di mentalità. Per un italiano, Ma/.................... (6), il posto di lavoro deve essere stabile per essere davvero soddisfacente. Egli cerca nel lavoro per prima cosa la sicurezza che non dovrà né cambiare occupazione né trasferirsi in un'altra città.

adattato da: www.americacallsitaly.org

✎ Scriviamo!

⑤ A un esame di certificazione della lingua italiana avete scritto questa lettera, ma è troppo lunga. La lettera non deve superare le 150 parole e voi ne avete scritte 262. Riscrivetela eliminando le informazioni meno utili o trasformando alcune frasi.

*Ciao Rossella,
come va? Finalmente trovo il tempo di scriverti!!! Sai che mi sto preparando per il trasloco e quindi tutti i giorni ho qualcosa da fare! Preparare gli scatoloni, eliminare le cose che non servono (se non approfitti del trasloco, non lo fai mai!), finire i lavori nella casa nuova, per non parlare di tutti i mobili che devo montare visto che siamo stati all'Ikea e abbiamo trovato varie soluzioni. Per fortuna c'è Davide che mi dà una*

Scrivere un riassunto

mano, perchè Stefano è in Cina per lavoro fino al 28 gennaio e fare tutto da sola è molto faticoso. Quest'anno ho fatto poche ferie anche per le vacanze di Natale, perché ho preferito approfittare di questi giorni di vacanza per prepararmi al trasloco. Se però ci riusciamo, a marzo faremo qualche giorno sulla neve! Vedremo! Io sono a casa il 7 e l'8 marzo per Carnevale e proprio ieri a scuola ci hanno anche comunicato che quest'anno avremo un giorno di vacanza in più. Che bello! Non vedo l'ora.

Ho sentito tuo cugino Tonino. Non lo sentivo da mesi, sai? Mi ha detto che continua a stare a Nizza perchè lì si trova bene, soprattutto per il tempo; in montagna, dove ha la casa, nevica sempre.

Ora ti devo lasciare perché ho un appuntamento in centro con delle colleghe. Non le conosci perché sono venute nella mia scuola da poco. Stasera mangiamo una pizza insieme e poi andiamo al cinema a vedere "La versione di Barney". Lo conosci? Cos'hai visto di bello al cinema recentemente?

Scrivimi presto e dammi vostre notizie. Saluti ai bimbi!
Bacioni,
Betty

Ciao Rossella,

Unità 22 — Creare una storia

🖋 Per iniziare!

> Vi piacerebbe creare una storia? Su quale argomento? Parlatene con i vostri compagni.

1 Questa è una storia che cresce a poco a poco.

A. Nel paragrafo 2 sono state scritte in blu le idee già espresse nel paragrafo 1. Sottolineate ora nel paragrafo 3 le idee già presenti nel paragrafo 2 e riconoscete le informazioni nuove.

1) Una volta, mentre andavo a gettare un sacchetto con la spazzatura, ho trovato dentro un cassonetto un cucciolo bianco e nero, assonnato e infreddolito.

2) *Una volta, mentre andavo a gettare un sacchetto con la spazzatura, ho trovato dentro un cassonetto un cucciolo bianco e nero, assonnato e infreddolito.* Qualcuno lo aveva gettato via come si getta un pezzo di pane avanzato. Forse la madre ne aveva avuti troppi e i padroni non avevano saputo come liberarsene e avevano deciso di buttarlo dentro il cassonetto in mezzo ai sacchi di plastica dei rifiuti.

3) Una volta, mentre andavo a gettare un sacchetto con la spazzatura, ho trovato dentro un cassonetto un cucciolo bianco e nero, assonnato e infreddolito. Qualcuno lo aveva gettato via come si getta un pezzo di pane avanzato. Forse la madre ne aveva avuto troppi e i padroni non avevano saputo come liberarsene e avevano deciso di buttarlo dentro il cassonetto in mezzo ai sacchi di plastica dei rifiuti. Tremava per il freddo e la paura. L'ho preso subito in braccio e lui subito ha messo il suo muso gelato sotto il mio braccio come per chiedere soccorso e affetto. Come non dargli cibo e carezze? L'ho chiamato Perduto. Era di razza bastarda, aveva le orecchie corte e pelose, il muso piccolo, gli occhi tondi, intensi e vivi.

adattato da: Maraini D., Storie di cani per una bambina, Bompiani

B. Per raccontare questa storia e passare dal paragrafo 1 al paragrafo 2 e poi al 3 probabilmente l'autore si è preparato delle domande alle quali rispondere:

- ✱ Chi è il protagonista della storia?
- ✱ Dove è stato trovato?
- ✱ Chi lo aveva abbandonato?

A coppie. Formulate ora il resto delle possibili domande.

....

Creare una storia — Unità 22

2 E ora create la vostra storia.

A. Leggete il seguente testo: prima l'idea centrale e poi tutte le domande.

a. Cosa hanno portato con sé?
b. Sono successi episodi comici?
c. Dove è cominciato il loro viaggio?
d. Avevano una destinazione precisa?
e. Sono successi fatti strani?

IDEA CENTRALE

Due cari amici, Roberto e Carla, volevano fare un viaggio in Europa ma erano al verde e perciò hanno deciso di viaggiare in autostop.

f. Qual è stata la reazione degli automobilisti?
g. Hanno trovato facilmente persone disposte a dargli un passaggio?
h. Dove alloggiavano quando non erano in viaggio?
i. Quali erano gli automobilisti che più facilmente gli davano un passaggio?
l. Come pagavano le spese per l'alloggio?

B. Riordinate tutte le domande dell'attività 2A secondo un senso logico e rispondete a ogni domanda.

1. c) Dove è cominciato il loro viaggio? ....
2. ....
3. ....
4. ....
5. ....
6. ....
7. ....
8. ....
9. ....
10. ....

Scriviamo insieme! 2

C. Ora raccontate (100-120 parole) la storia di Roberto e Carla, utilizzando le vostre risposte e, se necessario, le seguenti congiunzioni:

> all'inizio ◆ dopo ◆ poi ◆ più tardi ◆ di nuovo ◆ ancora ◆ anche
> perché ◆ perciò ◆ poiché ◆ siccome ◆ mentre ◆ quando ◆ allora

....
....
....
....
....
....

D. Trovate un titolo alla vostra storia e confrontatelo con quello degli altri compagni di classe.

....

Scriviamo!

3 A. Leggete la seguente traccia. Formulate 10 domande sulla possibile storia e rispondete a ogni domanda.

Lucia è terrorizzata. Ha visto un fantasma in casa.....

1. .... ? ....
2. .... ? ....
3. .... ? ....
4. .... ? ....
5. .... ? ....
6. .... ? ....
7. .... ? ....
8. .... ? ....
9. .... ? ....
10. .... ? ....

B. Ora sviluppate la vostra storia (100-120 parole) utilizzando le vostre risposte.

Creare una storia — Unità 22

4 **A.** Leggete la seguente traccia. Formulate 10 domande sulla possibile storia e rispondete a ogni domanda.

È il compleanno di Francesca e Cinzia e Lorenzo hanno deciso di farle una sorpresa...

1. ....? ....
2. ....? ....
3. ....? ....
4. ....? ....
5. ....? ....
6. ....? ....
7. ....? ....
8. ....? ....
9. ....? ....
10. ....? ....

B. Ora sviluppate la vostra storia (100-120 parole) utilizzando le vostre risposte.

Unità 23 — Narrare una storia

Per iniziare!

Vi ricordate una storia che vi raccontavano i vostri nonni quando eravate piccoli? Parlatene con il vostro compagno.

1 A. Leggete attentamente il testo.

[…] Un giorno, una gazza, una vera ladra, si posò sul ramo di un pino carico di neve, senza far caso al fatto che il merlo era poco distante. Credendo di non essere osservata, cominciò a graffiare la corteccia dell'albero e a dar**le** piccoli colpi con il becco, **nel quale** stringeva ben saldo un oggetto brillante.

- Ehilà, gazza! Cosa stai combinando a quel povero pino? - chiese incuriosito il merlo.

La gazza, **che** credeva di essere sola, non capì da dove provenisse quella voce e per poco, per lo spavento, non cadde giù.

- Quanti misteri! - ridacchiò il merlo. - Fammi vedere un po' cosa volevi nascondere sotto la corteccia! - le si avvicinò e si accorse che si trattava di un bellissimo anello d'oro, finemente cesellato, **che** brillava nella penombra dell'albero.

- Come mi piacerebbe aver**ne** uno simile, - fischiò - dove **lo** hai trovato? - Alla gazza sfuggì un sospiro. Quel merlo era proprio un bel curioso!

- Lontano, molto lontano - rispose. - Bisogna raggiungere le viscere della terra, mio caro, **dove** abita il Re dei tesori nascosti.

- Allora portami laggiù - disse il merlo.

La gazza si avviò e il merlo **la** seguì. […]

da: www.favole.org

B. Individuate a cosa corrispondono i seguenti pronomi, in blu nel testo.

1. le ....
2. nel quale ....
3. che ....
4. che ....
5. ne ....
6. lo ....
7. dove ....
8. la ....

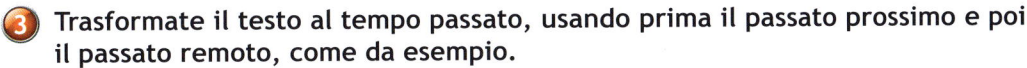

Narrare una storia — Unità 23

C. Inserite nella tabella le forme verbali presenti nel testo.

presente	
passato prossimo	
imperfetto	
passato remoto	
condizionale	
congiuntivo	
imperativo	
infinito	
gerundio	

2 Completate la canzone con i seguenti verbi: *fu – durò – passò*. Alcuni possono essere usati più volte.

Passato remoto, di Francesco De Gregori

Il più bel sogno .... (1)
il sogno non sognato
E il miglior bacio
quello non restituito
Ed il più lungo viaggio .... (2) quel viaggio
che non fu iniziato
E fu senza saluto
il più compiuto addio
Ed il più dolce fiato
quello trattenuto
.... (3) una vita intera
l'ultimo minuto
E non .... (4) mai passato
il tempo che .... (5).

3 Trasformate il testo al tempo passato, usando prima il passato prossimo e poi il passato remoto, come da esempio.

Italo Calvino nasce (1) il 15 ottobre 1923 a Santiago de Las Vegas, presso l'Avana (Cuba). Il primo contatto con la letteratura avviene (2) all'età di dodici anni, quando gli capita (3) fra le mani il primo e il secondo *Libro della giungla* di Kipling. È (4) un amore a prima vista, una fulminea infatuazione per i mondi esotici, le avventure e per le sensazioni fantastiche che può dare la lettura solitaria di testi trascinanti. Si diletta (5) anche a leggere riviste umoristiche, cosa che lo spinge (6) a disegnare lui stesso vignette e fumetti. In quegli anni si appassiona (7) al cinema, un amore che durerà per tutta la sua adolescenza.

da: www.cronologia.leonardo.it

Italo Calvino è nato/nacque (1) ....

115

4 Completate il testo mettendo il verbo alla forma e al tempo giusti. I verbi sono dati in ordine.

1. sapere
2. diffondere
3. essere
4. gridare
5. allungare
6. arrivare
7. cercare
8. fare
9. dare
10. capire

Il semaforo blu, di Gianni Rodari

Una volta il semaforo che sta a Milano, in piazza del Duomo fece una stranezza. Tutte le sue luci, ad un tratto, si tinsero di blu, e la gente non .... (1) più come regolarsi.

- Attraversiamo o non attraversiamo? Stiamo o non stiamo? - Da tutti i suoi occhi, in tutte le direzioni, il semaforo .... (2) l'insolito segnale blu, di un blu che così blu il cielo di Milano non .... (3) mai. In attesa di capirci qualcosa gli automobilisti strepitavano e strombettavano, i motociclisti facevano ruggire lo scappamento e i pedoni più grassi .... (4): - Lei non sa chi sono io! - Gli spiritosi lanciavano frizzi: - Il verde se lo sarà mangiato il commendatore, per farci una villetta in campagna. Il rosso lo hanno adoperato per tingere i pesci ai Giardini. Col giallo sapete che ci fanno? .... (5) l'olio di oliva.

Finalmente .... (6) un vigile e si mise in mezzo all'incrocio a districare il traffico. Un altro vigile .... (7) la cassetta dei comandi per riparare il guasto e tolse la corrente. Prima di spegnersi il semaforo blu .... (8) in tempo a pensare: - Poveretti! Io .... (9) il segnale di "via libera" per il cielo. Se mi .... (10), ora tutti saprebbero volare. Ma forse gli è mancato il coraggio.

da: www.isolafelice.forumcommunity.net

5 Completate le seguenti frasi, per ricostruire la storia de *Il semaforo blu*.

1. C'era una volta ....
2. Di solito ....
3. Un giorno però ....
4. All'improvviso ....
5. All'inizio ....
6. Finché, alla fine ....
7. E così ....

Narrare una storia — Unità 23

Scriviamo!

6 Provate a scrivere voi una storia (180-200 parole). Prima di cominciare a scrivere però pensate a:

- Chi è il/la protagonista?
- Come si chiama?
- Qual è la vostra relazione con il/la protagonista?
- Perché il tuo personaggio ti piace o non ti piace?
- Dove si svolge la storia?
- Quando?
- Ci sono altri personaggi nella storia?
- Se sì, chi sono?
- Come comincia la storia?
- Come finisce la storia?
- Quale può essere il tema centrale della storia?

7 Scrivete una storia (180-200 parole) che comincia così:

Stavo tornando a casa, ero sola e camminavo veloce perché era buio e avevo un po' paura. Ad un tratto...

> Prima di scrivere pensate:
> userete il passato remoto o il passato prossimo?

8 Scrivete ora una storia (180-200 parole) che finisce così:

Non riuscivo a credere che tutto questo fosse vero. Finalmente dopo tanto tempo il mio sogno si stava realizzando!

9 Provate a scrivere una favola (180-200 parole).

> Le favole tradizionali di solito cominciano così:
> C'era una volta...
> e finiscono così:
> E vissero tutti felici e contenti!
> (Voi però potete cominciarla e finirla come credete).

10 Scrivete una storia (180-200 parole) che comincia con queste parole:

Mi sono trasferito in Cina per lavoro e necessità allo stesso tempo: qui mi hanno offerto un impiego molto ben pagato ed io ero stanco di dover sempre fare i calcoli dei soldi per arrivare a fine mese, così ho accettato. Ora...

Scriviamo insieme! 2

Unità 24
E ora scriviamo 2

1 Su una rivista trovate in un forum questo messaggio e decidete di rispondere (90-100 parole) esprimendo la vostra opinione.

> Ciao ragazzi,
> se volete posso indicarvi un sito dove ci sono migliaia di eBook, compresi quelli più recenti. Sono divisi per genere, per autore e per titolo, quindi trovare quello che cercate è facilissimo. Se l'eBook che state cercando non c'è, potete sempre fare richiesta e cercheranno di metterlo il più velocemente possibile.
> Sì, bisogna registrarsi, ma per scaricare i libri non serve né presentarsi né partecipare, quindi basta solo perdere cinque minuti all'inizio e poi scarichi quanto vuoi. Non è meglio che comprare un libro in libreria? Che ne dite?

2 Siete appena usciti dal cinema dove avete visto un film che non vi è piaciuto molto. Scrivete un'e-mail (90-100 parole) a vostro fratello in cui:

* parlate del film che avete visto,
* gli spiegate perché non vi è piaciuto,
* gli consigliate di non andare a vederlo.

3 Tu e la tua ragazza/il tuo ragazzo avete affittato una casa per le vacanze in Sardegna, un villino a due piani vicino al mare, dove pensavate di andare insieme ad un'altra coppia. I vostri amici però vi hanno appena comunicato che non potranno più venire. Siete così costretti a rinunciare, dato che l'affitto della casa è troppo alto e non potete pagarlo da soli.
Scrivete quindi un'e-mail (90-100 parole) alla proprietaria del villino per:

- spiegarle la situazione,
- trovare un accordo per l'anticipo dato.

E ora scriviamo 2 — Unità 24

4 Scrivete una storia (160-180 parole) che cominci con queste parole:

> Era una calda mattina di agosto. Tutti erano andati al mare, ma io avevo deciso di rimanere in albergo perché volevo rispondere a delle e-mail...

5 Vi trovate a Torino dove starete per un paio di mesi per imparare la lingua e alloggiate in un appartamento del centro dove dividete la camera con un/una ragazzo/a inglese. Scrivete un'e-mail (90-100 parole) ad una vostra amica per descrivere questo/a vostro/a compagno/a, spiegando anche quali lati del carattere vi piacciono o meno e perché.

6 Lavorate in un'agenzia di viaggi e dovete fare alcune descrizioni (60-80 parole) di spiagge e di zone di montagna da inserire in una guida turistica.

Il soggiorno in questo paesino offre ....
....
....
....
....
....
....
....
....
....
....
....
....
....
....
....
....
....

7 Scrivete una storia (160-180 parole) che cominci con queste parole:

Improvvisamente lo vidi. Fu una sorpresa. Erano passati più di quindici anni, ma non era cambiato nulla. Francesco era sempre lo stesso, ...

....
....
....
....
....
....
....

8 Durante le vostre vacanze avete avuto un incidente con la macchina. Scrivete un'e-mail (100-120 parole) ai vostri genitori per:

* metterli al corrente dell'accaduto,
* informarli su dove vi trovate in questo momento,
* chiedere un aiuto.

9 State seguendo una discussione su un blog sul modo migliore di fare le vacanze.

Alberto sostiene che ormai è meglio fare solo vacanze organizzate, perché così si paga meno e si possono visitare molti posti anche all'estero. C'è però chi non è d'accordo, e voi?
Partecipate anche voi alla discussione esprimendo la vostra opinione (90-100 parole).

10 Scrivete una lettera (140-160 parole) al sindaco del vostro comune in cui:

❖ vi lamentate perché non esiste nessuna iniziativa a favore della gente della terza età, a differenza di quanto avviene in molti altri comuni,
❖ fate delle proposte per risolvere il problema.

E ora scriviamo 2 — Unità 24

11 Scrivete una storia (160-180 parole) che finisca con queste parole:

È stata una bella lezione e ho imparato. Da ora in avanti starò più attento/a alle mie scelte.

12 Per la festa di laurea i vostri genitori vi hanno regalato una macchina. Scrivete un'e-mail (60-80 parole) al vostro miglior amico per:

- comunicargli la notizia,
- descrivere la macchina.

13 Scrivete una lettera (120-160 parole) al sindaco del vostro Comune in cui:

- vi lamentate del fatto che i vostri due bambini non sono stati accettati in un asilo comunale e vi trovate costretta a mandarli in un asilo privato;
- gli chiedete di intervenire per rimediare a questo fatto, dato che avete due gemellini, siete separata e il vostro reddito è molto basso.

14 Scrivete una storia (160-180 parole) che cominci con queste parole:

E così era successo. Anch'io come tanti avevo preso la decisione di andare a lavorare all'estero. Così un bel giorno ....

15 Un vostro amico vi ha invitato ad andare in vacanza con lui; sarà una vacanza speciale, in crociera! Rispondete con una e-mail (80-90 parole) in cui:

- scrivete che non siete d'accordo con questa proposta,
- spiegate perché non volete andare in crociera,
- proponete un'alternativa.

16 Nella rubrica della vostra rivista preferita avete letto questa lettera. Decidete quindi di rispondere (160-180 parole) esprimendo la vostra opinione in merito.

Caro direttore,

mi rivolgo a lei e ai lettori della sua rivista per avere una vostra opinione. Ultimamente mia figlia, che ha appena 8 anni, mi chiede con insistenza di comprarle un telefonino. Al mio no, risponde piangendo che tutti i suoi amici hanno il cellulare e lei è l'unica a non averlo! Ma è mai possibile? Sono io che sono assurda o gli altri genitori? Non so che fare, veramente, e non capisco cosa sia più giusto o meno. Un vostro consiglio mi sarà molto utile, grazie.

Rosanna

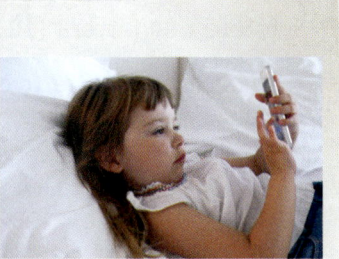

A. Rispondete come direttore della rubrica.

Cara signora Rosanna,

B. Rispondete come lettore della rivista.

Cara signora Rosanna,

Chiavi degli esercizi

Unità 1. Compilare un questionario

1 1. g, 2. f, 3. b, 4. a, 5. d, 6. c, 7. e.

2 Risposta libera

3 Risposte possibili: 1. Ho studiato architettura d'interni; 2. Ho finito i miei studi a Roma; 3. Perché sono una persona creativa e amo la casa; 4. Lavoro negli Stati Uniti per una compagnia multinazionale; 5. Vivo con la mia famiglia; 6. È un'esperienza bellissima; 7. All'estero si sente molto la nostalgia dell'Italia e dei propri cari; 8. Sì, è il mio sogno; 9. Ci vorrei tornare tra qualche anno.

4 5 6 Risposta libera

Unità 2. Scrivere una lettera informale

1 Risposte possibili: 1. Alessandro è arrivato a Roma tre settimane fa; 2. Resterà a Roma almeno due anni; 3. Fa delle passeggiate, visita i monumenti e parla con la gente; 4. All'inizio si sentiva molto solo; 5. La città è molto bella e la gente ospitale; 6. Alessandro si trova a Roma per lavoro.

2 da quasi tre settimane, all'inizio, i primi giorni, poi, già, ora, tutti i giorni, mai, già, domani, alla fine.

3 1. all'inizio, 2. Poi, 3. alla fine.

4 1. d, 2. b, 3. e, 4. a, 5. f, 6. c.

5 1. f, 2. e, 3. m, 4. a, 5. c, 6. l, 7. h, 8. g, 9. b, 10. n, 11. i, 12. d.

6 1. b, 2. a, 3. c, 4. g, 5. e, 6. d, 7. f.

7 Carissimi Anna e Roberto,

eccomi di nuovo a Washington. Vorrei ringraziarvi di cuore per avermi offerto la vostra amicizia e per avermi fatto compagnia nei giorni in cui mi trovavo in Italia e soprattutto per avermi aiutato nei momenti difficili. Non dimenticherò mai la vostra gentile ospitalità, la vostra generosità e soprattutto la cucina di Anna. Spero che un giorno vi deciderete a venire a trovarmi e sarà sempre un piacere per me ospitarvi a casa mia e farvi visitare la mia città.

Cari saluti, Bruno

8 9 Risposta libera

Unità 3. Scrivere una lettera formale

1 a. di Lei, del prof. Ricci, b. il prof. Ranieri, c. a Parigi, d. all'università, e. a Lei, professor Ricci, f. Lei, professor Ricci.

2 Risposta possibile:

Gentile direttore,

sono molto interessato a frequentare un corso di italiano per stranieri in Italia perché alla fine dell'anno dovrò sostenere un importante colloquio di lavoro e il mio italiano dovrà essere quasi perfetto. Dato che alcuni amici mi hanno parlato della vostra scuola e mi hanno consigliato di iscrivermi, sono entrato nel vostro sito ma non sono riuscito a trovare informazioni dettagliate sui corsi della vostra scuola. Perciò ho deciso di scriverLe questa lettera e di chiederLe di inviarmi a casa una guida della scuola, perché vorrei iscrivermi subito.

La ringrazio dell'attenzione.
Distinti saluti,
Sandro Antonioni

③ *Padova, 2 dicembre*
Gentile signora Marchi,
La informiamo che Lei è la vincitrice del concorso "Un'estate in salute". Il premio consiste in due settimane al centro termale di Abano Terme. Il soggiorno include il pernottamento in albergo a quattro stelle in camera singola con pensione completa. Inoltre, sono compresi tutti i servizi del centro: piscina, sauna, campo da tennis, internet, incluse le escursioni. Può ritirare il premio presso i nostri uffici di via Veneto, 3 - Padova.
Cordiali saluti,
La direzione

④ *1. spesso, 2. mai, 3. Di solito, 4. qualche volta, 5. sempre, 6. raramente.*

⑤ *b. benissimo (benisimo) / grande (granda), c. piccola (picola) / mangiare (mangare), d. arredato (aredato), f. amiche (amice) / piaciuta (piacuta) / conosce (conosche), g. dato (datto), h. Baci (Bacci).*

⑥

Cara Lucia,	*Gentile signora Lucia,*
come stai? È tanto tempo che non ti sento e sono un po' preoccupata. Anche al telefono non rispondi mai. Va tutto bene? Luciana mi ha presentato il suo ragazzo e devo dire che sono abbastanza contenta. È un bel ragazzo, simpatico e si sta laureando in Architettura. Ora ti lascio perché devo andare a cucinare. Stasera voglio fare le lasagne al forno che mi hai insegnato tu.	*come sta? Tutto bene? È da molto tempo che non ho Sue notizie. Come sta Sua figlia? E il suo fidanzato? Se non sbaglio si è laureato l'anno scorso in Medicina. È riuscito poi a trovare lavoro? Speriamo bene! Io La penso sempre, lo sa, e stasera farò le lasagne al forno come mi ha insegnato Lei.*
Un abbraccio e scrivimi presto,	*La saluto con tanto affetto e spero di ricevere presto Sue notizie,*
Giuliana	*Giuliana*

⑦ ⑧ Risposta libera

Unità 4. Descrivere il lavoro e lo studio

①

	professione	dove?	orario	cosa fa?	com'è il lavoro?
Carla	impiegata	Banca Nazionale	otto ore al giorno	è alla cassa	ripetitivo e stressante
Bianca	insegnante di educazione fisica	liceo	18 ore alla settimana	insegna ginnastica agli studenti	divertente
Federico	giornalista	rivista di economia	senza orario fisso	scrive articoli e intervista persone	molto interessante
Alberto	studente	Architettura al Politecnico di Milano	quasi tutti i giorni ha lezione	ha molto da studiare	molto creativo

② 1. b, 2. e, 3. d, 4. a, 5. c.

③ 1. p, 2. d, 3. g, 4. e, 5. c, 6. i, 7. l, 8. a, 9. m, 10. n, 11. b, 12. o, 13. f, 14. h.

④ Risposta libera

⑤ Risposte possibili:
Alessandra Ceretti ha 39 anni ed è fotografa per una rivista di moda. Considera il suo lavoro interessante e creativo: fotografa sfilate di moda, modelle e fa servizi pubblicitari. Non ha un orario fisso. Renato Marmori ha 23 anni ed è studente di Medicina. La sua facoltà è difficile e lo studio è faticoso. Ha lezione ogni giorno dalle 9 alle 15. Nel tempo libero fa attività sportive.

⑥ 1. Purtroppo, 2. perché, 3. Perciò, 4. ma, 5. anche.

⑦ Risposta libera

⑧ <u>Caro Francesco,</u>
il prossimo sabato darò una festa per la mia laurea. <u>Ti</u> aspetto con <u>tua</u> moglie, naturalmente. <u>Sai</u> che mi farà molto piacere veder<u>ti</u>. Se <u>vuoi</u> portare anche i <u>tuoi</u> figli, ci saranno anche altri bambini <u>e così</u> potranno giocare. Se <u>hai</u> qualche problema a trovare la strada <u>telefona</u>mi, così <u>ti</u> verrò incontro. Allora, <u>ti</u> aspetto sabato sera alle 8. <u>Mi raccomando,</u> ci tengo molto.
Baci, Stefania

<u>Gentile professor Silvestri,</u>
<u>ho il piacere di invitarLa</u> alla festa che darò il prossimo sabato per la mia laurea. Naturalmente è invitata anche <u>Sua</u> moglie e se <u>vuole può</u> portare anche i <u>Suoi</u> figli. Infatti ci saranno anche altri bambini <u>con cui</u> potranno giocare. Se <u>ha</u> problemi a trovare la strada, <u>non si preoccupi, può</u> venire a prender<u>La</u> mio marito.
<u>La</u> aspetto sabato sera alle 8.
Spero <u>potrà</u> venire, <u>sa</u> che ci tengo molto <u>alla Sua presenza.</u>
<u>Cordiali saluti,</u>
Stefania Bonini

⑨ ⑩ ⑪ Risposta libera

Unità 5. Descrivere il tempo libero

① ② Risposta libera

③ Risposte possibili:

	tipo di persona	attività
Laura	attiva, sportiva e socievole	fa sport, va al cinema e a teatro, va a ballare e a fare spese
Renato	tranquillo e socievole	legge libri, ascolta musica, va ai concerti e al cinema
Andrea	solitario	fa passeggiate, naviga su internet e chatta su facebook, studia

④ Risposta libera

⑤ Risposte possibili: *1. giocare a tennis, 2. andare a correre, 3. al cinema.*

⑥ 1. una, 2. tutti i, 3. di solito, 4. mai, 5. tutte le, 6. sempre (spesso), 7. spesso (sempre), 8. a volte (spesso), 9. ogni (tutti i), 10. sempre (spesso).

⑦ **A.**

p	a	l	l	a	v	o	l	o	t	r	a	s	o
a	v	a	p	a	l	e	s	t	r	a	a	e	a
l	a	t	a	r	s	o	n	t	n	v	r	q	l
l	o	s	t	e	n	n	i	s	u	e	r	u	p
a	n	t	t	s	c	i	g	u	o	l	a	i	i
c	i	b	i	l	c	u	i	r	t	a	s	t	n
a	s	a	n	g	o	f	e	f	o	a	t	a	i
n	e	l	a	e	r	o	b	i	c	a	a	z	s
e	n	l	g	a	s	n	l	o	b	l	l	i	m
s	t	o	g	i	a	o	m	g	o	l	f	o	o
t	a	c	i	c	l	i	s	m	o	c	o	n	r
r	o	i	o	c	o	s	c	a	l	b	a	e	r
o	r	t	c	a	l	c	i	o	s	a	n	c	o

B. Risposta libera

⑧ ⑨ ⑩ Risposta libera

Unità 6. Esprimere opinioni e preferenze

① 1. a, 2. f, 3. d, 4. b, 5. e, 6. c.

②
I vantaggi della città secondo Franca e Giacomo:
possono praticare sport, andare a teatro o al cinema, seguire corsi di vario tipo e incontrare gli amici

I vantaggi della campagna secondo Alba e Luca:
la qualità della vita è migliore, senza ansia e stress, c'è tranquillità e i rapporti con le persone sono più umani

L'opinione del padre:
entrambe le scelte presentano vantaggi e svantaggi

③ 1. dall'altra, 2. poiché, 3. invece, 4. anche, 5. ancora, 6. prima di tutto.

④ Risposta libera

⑤ 1. In ufficio sono riuscito ad ottenere un trasferimento, perciò devo partire subito; 2. In questi anni ho lavorato molto e finalmente ho ottenuto una promozione!; 3. I miei genitori non mi hanno permesso di partire con i miei amici perché sono ancora troppo giovane; 4. Ho deciso di prendere in affitto la casa in via Crispi, anche se è un po' piccola; 5. Da quando vivo in campagna vedo raramente i miei amici, infatti li vedo solo una volta al mese; 6. La città in cui vivo mi piace molto. Ci sono bei negozi, molti bar e ristoranti. Inoltre in città ci sono molti parchi; 7. Antonio mi piace, è un ragazzo in gamba e anche molto affascinante; 8. Daniele e Giorgio sono cugini e si vogliono anche molto bene.

⑥ ⑦ Risposta libera

Unità 7. Raccontare un viaggio

1 1. a, 2. b, 3. g, 4. c, 5. e, 6. d, 7. f.

2 **Dove:** *Mediterraneo, Grecia e Turchia*
Trasporto: *nave da crociera*
Servizi: *piscine a bordo, animazione per grandi e piccoli, escursioni*
Costo: *590 euro a persona. I bambini non pagano*
Commento: *buona l'organizzazione, ma il cibo era meno buono dell'anno precedente*

3 **A.**

[word search grid]

B. *1. crociera, 2. gita, 3. escursione, 4. visite, 5. mare, 6. estero, 7. sci, 8. agriturismo.*

4 Risposte possibili: *1. dovevamo partire, 2. l'abbiamo lasciata, 3. molta gente in fila/in coda, 4. abbiamo dovuto aspettare, 5. cornetto e cappuccino, 6. al cancello di imbarco / all'imbarco, 7. non poteva partire/decollare, 8. è arrivato/è atterrato all'aeroporto.*

5 *Hotel Arlecchino*
Venezia

All'attenzione di
Rosa Alberti

Gentili signori,

mi chiamo Stella Fioravanti e avevo prenotato una camera doppia per la settimana dal 3 al 7 luglio compreso. Per motivi personali sono costretta ad annullare la mia prenotazione dato che in quei giorni dovrò entrare all'ospedale per un serio intervento. Desidero sapere qual è la procedura per avere il rimborso della somma già da me versata per tutto il soggiorno con pagamento effettuato online con carta di credito e inoltre se sono previste delle penalità in questo caso.
Resto in attesa di una Vostra risposta.

Distinti saluti,
Stella Fioravanti

6 *1. Inoltre, 2. Anche, 3. anche, 4. anche, 5. Inoltre.*

7 Risposta libera

Unità 8. Raccontare esperienze ed emozioni

① a. Marta, b. in ufficio, c. in ufficio, 4. lei, Marta, 5. a lei, a Marta, 6. questa cosa.

② 1. h, 2. d, 3. c, 4. f, 5. e, 6. a, 7. g, 8. b.

③ 1. b, 2. d, 3. l, 4. i, 5. g, 6. a, 7. e, 8. c, 9. f, 10. h.

④ 1. Che bello!/Che fortuna!, 2. Peccato!/Che peccato!/Che sfortuna!

⑤ b

⑥ 1. alla fine, 2. Finalmente, 3. infine, 4. Finalmente, 5. alla fine, 6. infine, 7. alla fine.

⑦ ⑧ ⑨ ⑩ Risposta libera

Unità 9. Scrivere e rispondere ad annunci

① **B.** *b*

② *Ciao Serena,*

ieri ho fatto degli acquisti online e penso di avere fatto un vero affare. Guarda cosa ho comprato: una camicia Nara a soli 17 euro, una blusa Sisley di cotone e una camicia Kiabi a 17 euro; con quest'ultima camicia c'era anche una sciarpa blu in regalo. Tutte cose di marca come vedi. C'erano anche un paio di stivali Gucci in offerta ma non li ho presi perché erano numero 39. Forse possono interessare a te, costano solo 50 euro. Se ti interessano, ti mando l'e-mail della persona che li vende, così la puoi contattare.

A presto,
Giovanna

③ Risposte possibili: 1. Gentili; 2. il vostro annuncio; 3. a questo lavoro; 4. in questo campo; 5. essere la persona giusta; 6. la mia zona è servita molto bene dai mezzi di trasporto; 7. non ci sono problemi 8. vivo da sola e non ho altri impegni; 9. Distinti saluti.

④ ⑤ ⑥ Risposta libera

Unità 10 Dare istruzioni e indicazioni

① 1. d, 2. f, 3. b, 4. a, 5. e, 6. c.

② 1. e, 2. c, 3. f, 4. d, 5. a, 6. b.

③ 1. Guarda, 2. Apri, 3. va'/vai, 4. Cerca, 5. Sta'/Stai.

④ 1. Prima, 2. poi (dopo), 3. Dopo (Poi), 4. Infine, 5. alla fine.

⑤ 1. certificato, 2. fare la doccia, 3. con le scarpe, 4. mettersi la cuffia (portare la cuffia).

⑥ *Ragazzi, mi dite come posso registrarmi a Skype?*
Se hai una connessione Internet sempre attiva, puoi utilizzare il software Skype per telefonare gratuitamente a chi vuoi. Per scaricare il programma vai sul sito web ufficiale http://www.skype.com/intl/it/, al centro della pagina Internet, clicca sul pulsante verde "scarica subito" e salva il file sul desktop. Terminato il download vai sul desktop, clicca sul file "SkypeSetup.exe" e avvia l'installazione seguendo la procedura. Dopo bisogna cliccare sulla voce in blu "non hai un nome Skype" per eseguire la registrazione. Nella schermata successiva inserisci il tuo nome, un nome Skype inventato e una password.

Unità 11. Dare informazioni

1 1. aereo, 2. volo, 3. partenza, 4. ritorno, 5. partenza, 6. passeggeri, 7. viaggio/volo, 8. classe, 9. compagnia, 10. albergo.

2 1. h, 2. l, 3. f, 4. e, 5. a, 6. b, 7. i, 8. d, 9. c, 10. g.

3 1. a, 2. g, 3. c, 4. f, 5. b, 6. d, 7. e.

4 Risposte possibili: 1. devi essere in possesso del diploma, 2. devi compilare il modulo di iscrizione, 3. l'iscrizione è da settembre a novembre, 4. devi pagare la tassa di iscrizione.

5 Risposta libera

6 1. sull' (sul'), 2. un' (un), 3. personale è (personale e) / piccolo (piccola), 4. quattordicesimo (quatordicesimo), 5. bottiglie (bottigle), 6. passeggio (passegio) / interessante (interesante), 7. passato (passatto) / un' (un).

7 medicostudiareon***girare***sn***destra***rrtomi***sinistra***an***metri***per***semaforo***leggerepartire***dritto***comone***metropolitana***senrimenti***fermata***ciccola***via***dimentico***autobus***

8 9 Risposta libera

Unità 12. E ora scriviamo 1

1 2 3 4 5 6 7 8 9 10 Risposta libera

Unità 13. Lettera di scuse e di reclamo

1 Risposte possibili:
a. Lo scopo della lettera è di ottenere un risarcimento per il cattivo servizio da parte dell'agenzia;
b. Il signor Faroldi si lamenta del fatto che lo hanno portato in un albergo diverso da quello concordato, senza servizio ristorante e senza condizionatore d'aria in camera; inoltre la tessera per le corse gratuite in vaporetto è stata consegnata solo il terzo giorno.
c. Per lui il problema più grande è stato la mancanza di un condizionatore d'aria, dato che a Venezia c'era molto caldo in quel periodo.

2 1. a, 2. d, 3. c, 4. b.

3 1. h, 2. b, 3. d, 4. l, 5. a, 6. f, 7. c, 8. i, 9. e, 10. g.

4 1. immediatamente, 2. Inoltre, 3. Infine, 4. perciò.

5 1. a, 2. b, 3. f, 4. d, 5. g, 6. c, 7. e, 8. i, 9. h.

6 Formale: *Mi congratulo con Lei; Sono spiacente di comunicarLe; A mio parere sarebbe meglio se Lei; È un vero peccato che; Personalmente, Le consiglio di; Sono veramente desolato per.*
Informale: *Mi dispiace dirti; Sono felice per te; Secondo me, faresti meglio a; Dai, vedrai che; Che peccato!; Secondo me, ti conviene sicuramente.*

7 8 9 Risposta libera

Unità 14. Lettere varie

(1) **A.** b, c.
B. Risposta libera

(2) 1. b, 2. d, 3. e, 4. a, 5. f, 6. c.

(3) 1. interessanti, 2. piacevole, 3. elegante, 4. magnifiche, 5. attraente, 6. incantevole, 7. commovente, 8. accogliente.

(4) b.

(5) 1. perché, 2. Inoltre, 3. però, 4. anzi, 5. Invece, 6. così.

(6) 1. d, 2. a, 3. b, 4. e, 5. c.

(7) Gentile sig. Gilberti,
Le chiedo scusa per ieri sera ma, mi creda, non mi è stato proprio possibile venire a cena a casa Sua perché sono dovuto correre all'ospedale dato che avevano ricoverato mia zia. Inoltre, il giorno prima avevo perso il cellulare e così non ho potuto neanche telefonarLe per avvisarLa per tempo.
Spero di non averLa offesa e di poterLa incontrare un'altra volta.

Cordiali saluti,
Nicola Berti

(8) (9) (10) (11) (12) Risposta libera

Unità 15. Lettera a un forum

(1) 1. b, 2. a.

(2) Risposta libera

(3) 1. a, 2. e, 3. d, 4. b, 5. g, 6. c, 7. f.

(4) 1. mi iscriverò, 2. ti iscriveresti, 3. mi iscrivessi, 4. mi iscriverò, 5. mi sarei iscritto/a.

(5) Risposte possibili: 1. Sono andata a trovarla dalla sua amica per convincerla a tornare a casa; 2. Mi hanno pregato di non dirgli niente, affinché decidesse da solo; 3. Ieri sono uscita con gli amici di Sandro, anche se non mi sono simpatici; 4. Siamo andati in vacanza in un albergo di lusso, di conseguenza abbiamo speso molti soldi; 5.Giuliana è sempre stata una ragazza studiosa, infatti si è laureata con il massimo dei voti; 6. Ho invitato Sandra a passare le vacanze da noi dato che tu avevi rifiutato il nostro invito; 7. Mirella tempo fa ha avuto un brutto incidente con la macchina, tuttavia ha ripreso subito a guidare; 8. Dicono tutti che Francesco sia una persona scontrosa, invece secondo me è una persona molto cordiale; 9. Non mi sono assolutamente offesa per quello che mi ha detto tuo figlio, anzi mi sono divertita; 10. Sandro è stato veramente molto scortese con me, comunque ho deciso di perdonarlo.

(6) Risposta libera

Unità 16. Pro e contro

(1) (2) (3) Risposta libera

(4) 1. f, 2. a, 3. c, 4. g, 5. b, 6. e, 7. d.

(5) 1. sondaggi, 2. ricerca, 3. professionali, 4. paura, 5. un'esperienza, 6. vivaci, 7. rispetto, 8. degli annunci, 9. un'occasione, 10. opportunità, 11. stabilità.

⑥ ⑦ ⑧ ⑨ Risposta libera

Unità 17. Descrivere una persona

① B. capelli: *lunghi, mossi, rossi;* occhi: *chiari, malinconici;* labbra: *sottili;* fisico: *magro, slanciato, esile;* carattere: *delicato;* pelle: *bianco candido.*
C. Risposta libera

② *1. persona apatica, 2. persona trasandata, 3. viso ovale, 4. corpo snello / persona snella, 5. capelli mossi, 6. persona permalosa, 7. bocca carnosa / labbra carnose, 8. occhi luminosi, 9. capelli brizzolati, 10. capelli ondulati, 11. fronte/pelle rugosa, 12. corpo muscoloso.*

③ *1. l, 2. b, 3. d, 4. c, 5. h, 6. i, 7. e, 8. g, 9. f, 10. a.*

④ Risposta libera

⑤ *1. esile, 2. espressivi, 3. sottile, 4. ricci, 5. tenero, 6. dolce, 7. gentile, 8. delicata, 9. sicura, 10. raffinato.*

⑥ *1. robusta, 2. rugosa, 3. folte, 4. intenso, 5. largo, 6. vivo, 7. calvo, 8. grandi.*

⑦ ⑧ ⑨ Risposta libera

Unità 18. Descrivere un luogo

① B. luogo: *straordinario, incantevole;* profumo: *delicato, birichino;* acqua: *gelida;* roccia: *grigio chiaro, grigio scuro, rosata, rossiccia.*
C. Risposta libera

② Aggettivi positivi: *culturale, storica, movimentata, solare, serena, magica, antica, bellissima, unica.*
Aggettivi negativi: *inquinata, affollata, caotica, trafficata, umida, inospitale, frenetica.*

③ *1. più, 2. che, 3. gli, 4. anche, 5. Oltre, 6. sia, 7. per.*

④ *1. nemmeno, 2. dove, 3. più, 4. oppure, 5. Anche, 6. Inoltre, 7. di solito, 8. insomma.*

⑤ *1. bambini, 2. discese, 3. finestre, 4. rumore, 5. allegramente (perfettamente).*

⑥ mare: *immenso, limpido, inquinato, cristallino, mosso, profondo, calmo, agitato;*
paesaggio: *rilassante, naturale, malinconico, romantico, paradisiaco, sperduto, brullo, fertile, emozionante, verdeggiante, lunare, roccioso, profumato, florido, affascinante, allegro, incantevole, sereno;*
mare/paesaggio: *misterioso, minaccioso, inquietante.*

⑦ ⑧ ⑨ ⑩ ⑪ Risposta libera

Unità 19. Raccontare un film

① Risposta libera

② *1. viveva, 2. era morta, 3. scoprì, 4. era, 5. erano, 6. dicevano, 7. era, 8. avevano, 9. si sentì (si sentiva), 10. aiutò, 11. capì, 12. era, 13. si sacrificò, 14. diventò.*

③ A. Tipo di film: *commedia, storico, d'azione, del terrore, poliziesco, d'avventura, commerciale, di guerra, impegnato, cortometraggio, comico, sentimentale, di fantascienza, drammatico, romantico, musical, a sfondo sociale.*

Aggettivi positivi: *avvincente, interessante, originale, allegro, rilassante, divertente, commovente.*
Aggettivi negativi: *noioso, pesante, triste, violento, angosciante.*

B. Risposta libera

(4) *1. di, 2. ma, 3. che/di, 4. dalla, 5. tra, 6. suo, 7. a, 8. Si, 9. quello/ciò, 10. della.*

(5) *1. d, 2. e, 3. a, 4. f, 5. b, 6. l, 7. i, 8. c, 9. g, 10. h.*

(6) (7) (8) (9) Risposta libera

Unità 20. Raccontare un fatto

(1) B. *1. I ladri; 2. A Brindisi; 3. Oggi, poco dopo le 11 del mattino; 4. I ladri hanno saccheggiato un appartamento; 5. Sono entrati da una finestra rimasta aperta.*

(2) *1. si sono impossessati, 2. si era assentato, 3. a soqquadro, 4. entrambi, 5. è stato accertato.*

(3) *1. peggioramento, 2. fenomeni, 3. piogge, 4. Temperature.*

(4) Risposta libera

(5) *1. a, 2. c, 3. e, 4. f, 5. d, 6. b.*

(6) *1. sono state eseguite (hanno eseguito), 2. sono stati rinvenuti (hanno rinvenuto), 3. sarà data (daranno), 4. sono stati allontanati (hanno allontanato).*

(7) *1. oltre, 2. magari, 3. anche, 4. invece, 5. ecco.*

(8) (9) (10) Risposta libera

Unità 21. Scrivere un riassunto

(1) A. Risposte possibili: *2. I protagonisti sono il re e Maria Luisa. Il re vive in un bellissimo palazzo in riva al mare; 3. Il re ama uscire in barca con il suo amico d'infanzia; 4. Un giorno, tornando da una gita in barca, i due giovani si incontrano e si innamorano.*
B., C. Risposte possibili: *a. La storia si svolge tanto tempo fa; b. I protagonisti sono il re e una ragazza, Maria Luisa; c. Il re è giovane e bello, alto, biondo e con gli occhi azzurri. La ragazza è alta e bruna e con occhi neri molto belli; d. I due giovani si innamorano appena si incontrano; e. I due giovani si incontrano sulla spiaggia dove arrivano le barche dei pescatori e Maria Luisa non sa che questo giovane è il re.*

(2) Risposta libera

(3) Risposte possibili: *1. Ho visto un bell'albergo e ho deciso di prenotarlo per le vacanze; 2. Ho telefonato a Francesca per spiegarle che non potrò partire con lei in moto perché ultimamente mi fa male la schiena; 3. I figli di Giovanni amano molto l'avventura, per questo in vacanza vanno sempre in campeggio; 4. Quando mia sorella mi ha detto che andrà in vacanza in Irlanda, le ho detto che vorrei andarci anch'io; 5. Quando abbiamo saputo che Franco e Rossana partiranno per una crociera molto bella, gli abbiamo telefonato perché vogliamo andarci anche noi.*

(4) *1. perciò, 2. Ma, 3. perché, 4. Anche, 5. Inoltre, 6. infatti*

(5) Risposta libera

Unità 22. Creare una storia

(1) (2) (3) (4) Risposta libera

Unità 23. Narrare una storia

1 **B.** *1. alla corteccia, 2. nel becco, 3. la gazza, 4. l'anello, 5. un anello, 6. l'anello, 7. nelle viscere della terra, 8. la gazza.*

C.

presente	*stai (combinando), bisogna, abita*
passato prossimo	*hai trovato*
imperfetto	*era, stringeva, credeva, volevi, si trattava, brillava, era*
passato remoto	*si posò, cominciò, chiese, capì, cadde, ridacchiò, si avvicinò, si accorse, fischiò, sfuggì, rispose, disse, si avviò, seguì.*
condizionale	*piacerebbe*
congiuntivo	*provenisse*
imperativo	*fa(mmi), porta(mi)*
infinito	*far (caso), essere osservata, graffiare, dar(le), essere, vedere, nascondere, aver(ne), raggiungere*
gerundio	*credendo, combinando*

2 *1. fu, 2. fu, 3. Durò, 4. fu, 5. passò.*

3 *1. è nato / nacque, 2. è avvenuto / avvenne, 3. è capitato / capitò, 4. È stato / Fu, 5. Si è dilettato / Si dilettò, 6. ha spinto / spinse, 7. si è appassionato / si appassionò.*

4 *1. sapeva, 2. diffondeva, 3. era stato, 4. gridavano, 5. Allungano, 6. arrivò, 7. cercò, 8. fece, 9. avevo dato, 10. avessero capito.*

5 Risposte possibili: *1. C'era una volta un semaforo in piazza del Duomo a Milano. 2. Di solito le sue luci funzionavano correttamente. 3. Un giorno però il semaforo fece (ha fatto) una stranezza. 4. All'improvviso tutte le sue luci si tinsero (si sono tinte) di blu. 5. All'inizio nessuno capiva cosa fare. 6. Finché, alla fine arrivò (è arrivato) un vigile e tolse (ha tolto) la corrente. 7. E così tutto tornò (è tornato) come prima.*

6 7 8 9 10 Risposta libera

Unità 24. E ora scriviamo 2

 Risposta libera

Fonti

pagg. 3, 7-9: shutterstock; **pag. 11**: (metro e bici) shutterstock, (taxi) www.cdn.blogosfere.it, (autobus) www.liberta.it, (tram) www.upload.wikimedia.org, (automobili) www.giornalettismo.com; **pag. 12**: (Vittoriano) www.upload.wikimedia.org, (Castel Sant'Angelo) www.romeguide.it, (Colosseo) www.culturaeculture.it, (Piazza Navona) www.upload.wikimedia.org, (Fontana di Trevi) www.upload.wikimedia.org; **pagg. 13-14**: shutterstock; **pag. 15**: shutterstock, (Fontana di Trevi) www.touristicattractions.com; **pag. 16**: shutterstock; **pag. 17**: shutterstock, (francobollo) www.us.123rf.com; **pag. 18**: (foto in alto) shutterstock (foto in basso) www.termedirelilax.com; **pagg. 19, 21**: shutterstock; **pag. 22**: (foto in alto a sinistra) www.lavorofacile.eu, (foto in alto a destra) www.studentipassoni.files.wordpress.com, (foto in basso) shutterstock; **pagg. 23-26, 28-32**: shutterstock; **pag. 33**: (campagna) www.hdscreen.me, (città) www.2.bp.blogspot.com; **pag. 34**: (città e campagna) pag. 33, (padre) shutterstock; (Galleria Vittorio Emanuele II) www.emmamilano.com, (tavolo) www.pictures.luxuryretreats.com, (cascina) www.perterrepermari.it; **pag. 36**: (cinema) www.i.ytimg.com, (automobili) www.greenplanet.net, (Genova) www.upload.wikimedia.org, (metro) www.metro-5.com; **pagg. 38-47**: shutterstock; **pag. 48**: (foto 1) www.images.glamour.it, (foto 2) www.and-camicie-store.com, (foto 3)www.i01.i.aliimg.com, www.antoniaboutique.it, (foto 4) www.antoniaboutique.it, (foto 5) www.bigbrandoutlet.it, www.ieminy.com; **pag. 49**: shutterstock, (camicia) pag. 48,; **pag. 50**: www.ilteatroroma.it; **pag. 51**: (banca) www.consorzioarcale.it, (fruttivendolo) www.naturasi.it, (fermata) www.ataf.net, (libreria) www.jacekpartyka.com, (mobili) shutterstock; **pag. 53**: (foto da sinistra verso destra) shutterstock, www.brontoloinpentola.files.wordpress.com, www.3.bp.blogspot.com, shutterstock; **pagg. 54-56**: shutterstock; **pag. 57**: shutterstock, (pizza) www.magiadipoker.altervista.org, **pag. 58**: shutterstock; **pag. 59**: www.stamptoscana.it; **pag. 60**: shutterstock; **pag. 61**: (foto a sinistra) www.upload.wikimedia.org, (foto a destra) shutterstock; **pag. 62**: www.econewsweb.it; **pag. 63**: (Benvenuti al Sud) www.aforismi.meglio.it, (Baarìa) www.nairobinow.files.wordpress.com, (Midnight in Paris) www.p.playserver1.com; **pag. 64**: shutterstock; **pag. 65**: (Sagrada Familia) shutterstock, (città di Urbino) www.marchetravelling.com, (Università di Urbino) shutterstock, (Palazzo Ducale) www.upload.wikimedia.org; **pag. 66**: shutterstock; **pag. 67**: www.palazzoravizza.it; **pagg. 68-69**: shutterstock; **pag. 71**: shutterstock; **pag. 72**: (foto in alto) shutterstock, (foto in basso) www.images.philips.com; **pag. 73**: (foto a sinistra) shutterstock, (foto a destra) www.vascadoro.com; **pagg. 74-75**: shutterstock; **pag. 76**: (foto a destra) www.oreliete.net, (foto a sinistra) www.wellnessworld.it; **pag. 77**: www.civonline.it; **pag. 78**: shutterstock; **pag. 79**: www.cliclavoro.gov.it; **pagg. 81-90**: shutterstock; **pag. 91**: (foto in alto) www.itimoni.it, (foto al centro) www.distribuzione.ilcinemaritrovato.it, (foto in basso) shutterstock; **pag. 92**: www.2.bp.blogspot.com; **pag. 93-94**: shutterstock; **pag. 95**: (foto in alto a sinistra) www.static.panoramio.com, (foto in alto a destra) www.i.ytimg.com, (foto al centro e in basso) shutterstock; **pag. 96**: (foto in alto a sinistra) www.planoffice.it, (foto in alto a destra) www.ciaarezzo.com, (foto in basso) shutterstock; **pag. 97**: (foto in alto, da sinistra verso destra) www.ih.constantcontact.com, www.danielhnguyen.files.wordpress.com, www.image.toutlecine.com, (ragazzo) www.cdn.londonandpartners.com; **pag. 98**: (emoticon) shutterstock, (La grande guerra) www.gazzettadinapoli.it, (La grande bellezza) www.i.ytimg.com, (La dolce vita) www.d1oi7t5trwfj5d.cloudfront.net, (popcorn) shutterstock; **pag. 99**: (foto in alto) www.40.media.tumblr.com, (foto in basso) shutterstock; **pag. 100**: (La vita è bella) www.popup.vanityfair.it, (Harry Potter) www.wallnen.com, (Il mostro 2) www.esnbologna.org, (Cinema paradiso) www.fact.co.uk, (Il gladiatore) www.paroledafilm.it, (Il postino) www.filmforlife.org, (Australia) www.images2.fanpop.com, (Il Gattopardo) shutterstock, (La grande guerra) www.gazzettadinapoli.it, (La grande bellezza) www.i.ytimg.com, (La dolce vita) www.d1oi7t5trwfj5d.cloudfront.net, (foto in basso) shutterstock; **pag. 101**: www.images.goinfo.it; **pag. 102**: (foto in alto) www.i.huffpost.com, (foto in basso) www.cdn.blogosfere.it; **pag. 103**: www.miriadna.com; **pag. 104**: shutterstock; **pag. 105**: shutterstock, (foto in basso) www.static.fidelityhouse.eu; **pag. 106**: (foto a sinistra) www.aclimagentaabbiategrasso.it, (foto a destra) www.maddmaths.simai.eu; **pagg. 107, 109-111**: shutterstock; **pag. 112**: www.i0.wp.com; **pagg. 113-114**: shutterstock; **pag. 115**: www.minimaetmoralia.it; **pagg. 116-117**: shutterstock; **pag. 118**: (foto in alto) www.sharingame.org, (foto al centro) shutterstock, (foto in basso) www.venditacaseinsardegna.it; **pag. 119**: (foto in alto) shutterstock, (foto al centro) www.torange-it.com, (foto in basso) www.it.travelmotus.com; **pag. 120**: (foto a destra) shutterstock, (foto a sinistra) www.i.ytimg.com; **pag. 121**: shutterstock, **pag. 122**: (foto in alto) www.touchandgo.biz, (foto in basso) shutterstock.

Tutte le immagini di sfondo di questo volume sono tratte da shutterstock.

Altre pubblicazioni Edilingua

Via della Grammatica (A1-B2) presenta **40 unità** e **8 test** di revisione e autovalutazione.

Ciascuna unità, utilizzando un linguaggio semplice e numerosi esempi, affronta uno o più argomenti grammaticali seguiti da stimolanti attività. Il lessico è introdotto gradualmente e testi autentici, su diversi aspetti culturali, letterari e della vita quotidiana, offrono agli studenti la possibilità di arricchire e approfondire le loro conoscenze sull'Italia.

Il volume, interamente **a colori**, è fornito di **chiavi**, utili anche in un percorso di autoapprendimento.

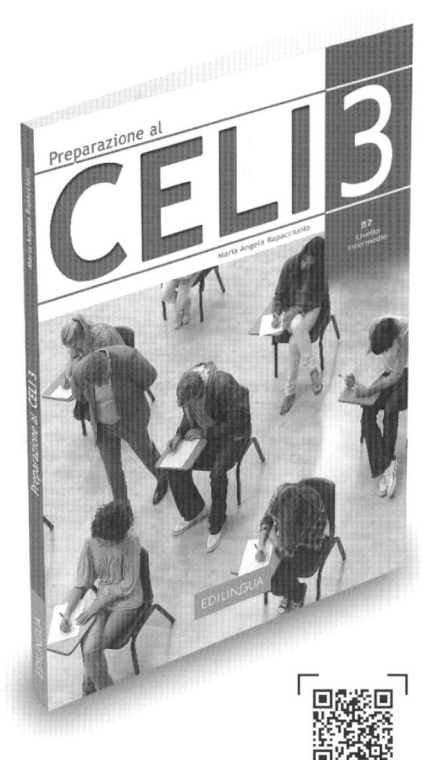

Preparazione al Celi 3 mira ad aiutare gli studenti che desiderano sostenere la prova d'esame del Celi 3, **livello B2**. Questa nuova edizione è ancora più completa in quanto arricchita della sezione per la preparazione alla prova di ascolto.

Può essere utilizzato sia in classe che in autoapprendimento, visto che vengono date anche le chiavi.

Il libro offre una grande varietà di testi autentici e testi narrativi, descrittivi, argomentativi, informativi.

Il volume comprende **4 sezioni** principali:
- Sezione **A**, Comprensione della Lettura
- Sezione **B**, Produzione di Testi Scritti
- Sezione **C**, Competenza Linguistica
- Sezione **D**, Comprensione dell'Ascolto

In chiusura, il volume presenta una **Prova completa** dell'esame, con i *Fogli delle Risposte* come fascicolo allegato.

PRIMIRACCONTI
letture semplificate per stranieri

Primiracconti è una collana di racconti rivolta a studenti di ogni età e livello. Ogni storia è accompagnata da brevi note e da originali e simpatici disegni. Chiude il libro una sezione con esercizi e relative soluzioni. È disponibile anche la versione libro + CD audio che permette di ascoltare tutto il racconto e di svolgere delle brevi attività.

Ritorno alle origini

Ritorno alle origini (B1-B2) è la storia di un giovane uomo di successo che da Manhattan decide di recarsi in Italia per scoprire chi è l'uomo, che tanto gli somiglia, ritratto in una fotografia apparsa su un quotidiano americano.

Italo Calvino

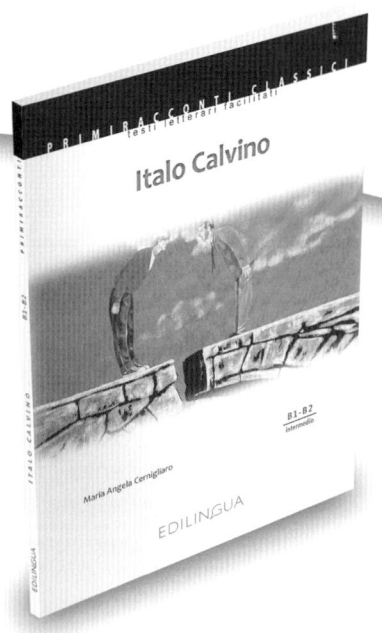

Italo Calvino contiene brani didattizzati tratti da *Il giardino incantato*, *Il visconte dimezzato*, *Il barone rampante*, *Il cavaliere inesistente*, *Il castello dei destini incrociati*, *Le città invisibili*, *Se una notte d'inverno un viaggiatore*, *Gli amori difficili*, *Marcovaldo*, *Palomar*.